「地積規模の大きな宅地の評価」の実務

－ 広大地評価の改正点と判例・裁決例 －

編集　沖田不動産鑑定士税理士事務所
　　　広大地評価サポートセンター

新日本法規

は　し　が　き

　本書は、相続税の申告を担当する税理士又は税理士事務所の担当職員を対象としたものです。

　第1章では、新設された「地積規模の大きな宅地の評価」について解説しています。ご存知のとおり、平成29年度の税制改正（具体的には、平成30年1月1日以後の相続税・贈与税より適用）により、財産評価基本通達24－4（広大地の評価）が廃止され、広大地評価の基本的な評価の考え方を引き継ぎながらも、評価方法や適用要件を変更して新たに財産評価基本通達20－2（地積規模の大きな宅地の評価）が新設されることとなりました。

　広大地評価は、旧広大地評価が平成16年に改正されて以後、平成29年までの約14年間相続税等の申告における土地評価で適用されてきました。平成16年の改正により、旧広大地と比較して適用要件に該当した場合の評価額に関する争いはなくなりました。改正以前は開発道路等の面積によって評価額に差が出ていましたが、改正後は、開発道路等の面積の相違は評価額には直接影響しなくなりました。しかし、今度は広大地に該当するか否かにより評価額に大きな差が生じることになり、特に2,000㎡程度の整形地では評価額で2倍以上の差となる場合もあります。したがって、平成16年改正後の広大地評価の適用が税務調査等で否認された場合には、増差税額が大きく、さらにそれに伴う延滞税等も多額になり、申告する税理士のリスクが最も高い評価といえます。広大地評価の適用要件は、広大地固有の性格により他の土地評価の通達の規定と異なり客観性に乏しく、それゆえに、納税者側と課税当局側で適用要件に関する見解の相違が生じやすい規定となっています。このような観点から、申告を担当する税理士又は提出された申告書の確認・調査を担当する税務職員泣かせの規定といえます。今回の改正は、この問題点を解消すべく改正が行われたものと考えられます。

その結果、今回の改正後は適用要件が明確化され、申告を担当する税理士と調査を担当する税務職員との間で、地積規模の大きな宅地に該当するか否かの見解の相違が生じることはほとんどなくなるものと考えられます。また、評価額についても広大地評価における減額割合をかなり縮小し、以前のように広大地に該当するか否かで評価額に大きな差が生じないように改正されました。

　本書は、第1章で、地積規模の大きな宅地の評価の規定を適用するにあたっての適用要件の説明において、特に広大地評価と比較してどのように適用要件が変更されたのかを、判断にあたっての留意点と併せ記載しました。

　また、評価方法についても具体的な事例を掲載し、広大地評価額等との評価差額も事例ごとに記載しました。加えて地積規模の大きな宅地の評価上の問題点も記載しました。

　さらに、第2章では、広大地評価の裁決事例等を掲載しました。広大地評価は平成29年分の申告まで適用されます。実務上平成29年12月31日までの相続税の申告は、平成30年10月31日までが申告期限であり、広大地評価の規定を適用した申告もまだありますので、申告にあたり参考になると思われます。また、不動産評価の専門家の立場からその注意点を記載しました。今後の実務上の参考としていただければ幸いです。

　最後に紙面をお借りしてこのような機会を与えてくださった新日本法規出版株式会社に心から感謝申し上げます。

平成29年11月

　　　　　　　　　　　　編集代表

　　　　　　　　　　　　　不動産鑑定士・税理士

　　　　　　　　　　　　沖田　豊明

編集・執筆者一覧

＜編　集＞
沖田不動産鑑定士税理士事務所
広大地評価サポートセンター

＜編集代表＞
沖田　豊明（不動産鑑定士・税理士）

＜執筆者＞
横松　祐志（不動産鑑定士）

渡邉　敦　（不動産鑑定士）

田邉　裕揮（税理士）

＜編集協力＞
藤井　淳一（宅地建物取引士）

上平　知

沽野　雅一

石井　岳人

笹島　哲也（宅地建物取引士）

白井　絢子（宅地建物取引士）

小松　智也

目　次

第1章　地積規模の大きな宅地の評価

第1　広大地評価の改正

ページ

1　広大地評価の改正の内容 ·················3

2　広大地評価の規定と比較して、適用範囲が広がったもの ···············15

3　広大地評価の規定と比較して、適用範囲から除外されるもの ·············17

4　改正後の評価方法についての検討 ···········19

第2　「地積規模の大きな宅地の評価」の具体的な計算事例 ···············27

第2章　広大地評価の判例・裁決例 ············43

第1　評価単位

[1]　単独所有であった自宅の敷地の一部を遺産分割により単独で取得し、残りを共有で取得した場合の評価単位について争われた事例 ···············47

[2]　それぞれが隣接し合う生産緑地、一般農地、雑種地について財産評価基本通達7のなお書の適用が否認され、それぞれ評価単位は別々であるものとして評価するのが相当と判断された事例 ···············55

第2　最有効使用

[3]　既に開発を了した共同住宅の敷地について、最有効使用がマンション敷地と判断され、広大地には該当しないとされた事例 ···············62

2　　　　　目　　次

［4］　現況が店舗及び店舗附属の駐車場の敷地について、
　　　最有効使用が大規模商業施設用地及びその附属駐車場
　　　用地と判断され、広大地には該当しないとされた事例…………69

第3　マンション適地の判定基準

［5］　相続開始後に売却され、マンションが建築された約
　　　1,400㎡の敷地について、周辺の状況からもマンション
　　　適地と認められ、広大地評価の適用が否認された事例…………74

［6］　容積率80％・高さの最高限度10mの地域に、4階建て
　　　の共同住宅が2棟建つ貸宅地について、現在の建物は既
　　　存不適格である等の理由により、広大地評価の適用が
　　　是認された事例……………………………………………………78

［7］　月極駐車場として利用されている敷地について、区
　　　画整理により容積率300％に変更される等、商業・業務
　　　機能を強化する地域であり、周辺の状況もマンション
　　　や店舗が多く建築されている等の理由により、広大地
　　　評価の適用が否認された事例……………………………………82

第4　「開発を了している」の判定基準

［8］　自治会で利用している敷地について、「開発を了して
　　　いるとはいい難い」とされ、広大地と認められた事例…………87

［9］　共同住宅の敷地として利用されている評価対象地は、
　　　その周辺地域の標準的な利用状況に照らしても有効利
　　　用されていると認められることから、広大地には該当
　　　しないとされた事例………………………………………………91

第5　「その地域」の範囲

［10］　「準住居地域」と「第一種低層住居専用地域」にま
　　　たがる宅地について、宅地の大部分が属する「準住居
　　　地域」が「その地域」であり、標準的使用は共同住宅・
　　　店舗敷地なので広大地には該当しないとされた事例……………97

［11］ 請求人は「準工業地域」に存する評価対象地の「その地域」を住工混在地域と主張したが、「準工業地域」内が相当とされ、標準的使用は小工場、倉庫等の敷地であり、広大地には該当しないとされた事例……………104

［12］ 中小工場地区に存する各土地について、「その地域」の範囲が争われ、広大地評価の適用が是認された事例………112

第6 「著しく地積が広大である」の判定基準

［13］ 条例の500㎡以上の宅地開発についての届出義務について、都市計画法に基づく開発許可の面積基準に関する規定には当たらないとして広大地評価の適用が否認された事例………………………………………121

第7 公共公益的施設用地の負担

［14］ 評価対象地が相続開始後に売却され、道路を設けて戸建分譲したものの、それが経済的に最も合理的に戸建分譲を行う場合における公共公益的施設用地の必要性につながらないと判断され、広大地評価の適用が否認された事例………………………………………128

［15］ 請求人は500㎡未満の土地につきミニ分譲開発を主張したが、標準的な宅地の地積は請求人主張の地積より大きいと判断され、路地状開発が経済的に最も合理的な開発であるとして広大地評価の適用が否認された事例……………………………………………………134

［16］ 当事者双方主張の「その地域」は相当ではなく、適切な「その地域」内では路地状開発が一般的とはいえず、道路開設による開発が経済的に最も合理的であるとされ、広大地評価の適用が是認された事例……………140

［17］ 公道及び第三者所有の位置指定道路に面する土地の場合、敷地内に新たに道路を開設する開発方法が合理性を有するならば、第三者所有の位置指定道路を利用する開発方法を想定することは合理的とはいえないとし、広大地評価の適用が是認された事例……………148

第8　市街化調整区域

[18]　市街化調整区域内の土地において、広大地評価の適
　　用は認められなかったが、建物の建築制限に係るしん
　　しゃく割合50％が認められた事例……………………………153

第9　相続開始後の財産の状況による評価
　　方法の適否

[19]　相続開始後に土地の一部を売却し、当該部分が旗竿
　　状で分譲された事例………………………………………………159

第10　鑑定評価と広大地評価

[20]　奥行40ｍ以上の敷地について、財産評価基本通達に
　　より評価すべきとして鑑定評価額が否認され、さらに
　　路地状敷地を組み合わせる方法により戸建分譲が可能
　　として広大地評価の適用も否認された事例………………………165

第 1 章

地積規模の大きな宅地の評価

2

第1　広大地評価の改正

1　広大地評価の改正の内容

(1)　広大地評価の改正の経緯

広大地評価の規定は、平成6年に新設され、その後、平成16年に一度大きな改正を経て、この度、平成30年1月1日以後の相続・遺贈・贈与から「地積規模の大きな宅地の評価」として生まれ変わることになりました。

平成6年の新設時の広大地評価の規定では、奥行価格補正率に代え、評価対象地の宅地開発想定図面に基づく開発道路等の潰れ地割合を採用し、評価額を算出していました。

しかし、実務上、①納税者側の開発想定図面と課税当局側の開発想定図面が異なることから、開発道路等の潰れ地割合について見解の相違が生じる案件が増加したこと、②相続税路線価の引上げと地価の下落が重なり、広大地評価額が実勢時価を上回る案件が多くなり、物納案件や鑑定評価額等に基づく時価申告案件が増加したこと、以上の2点により、当局は、これらの問題点を解消するため、平成16年に、下記のような広大地補正率を採用する評価方法に大きく改正しました。

評価額＝正面路線価×広大地補正率×地積[※]

広大地補正率＝0.6－0.05×地積÷1,000㎡

※　0.35が下限

この平成16年の改正により、広大地評価額は、正面路線価と地積が確定すれば、自動的に確定し、結果として、納税者側と課税当局側との間で評価額について見解の相違が生じることが、基本的になくなり

ました。この平成16年の改正は、この点についていえば、評価の簡便性の観点からは優れていると考えられます。また、時価と広大地評価額との逆転現象も減少し、物納案件や時価申告案件がなくなった点も評価されるべき点であったと考えます。

しかし、問題点もありました。改正後は、上記算式の結果として、広大地に該当した場合には、その評価額が最低42.5％・最高65％の減額となり、一つの土地が広大地に該当する場合としない場合とで、その相続税評価額が大きく乖離するという事態が生じることとなりました。その結果、広大地に該当するか否かという適用の可否が非常に注目されることとなり、改正後の裁決事例等においても、その可否を争うものが非常に多くの割合を占めることとなりました。

なお、広大地とは、財産評価基本通達24−4の規定によると、①その地域における標準的な宅地の地積に比して著しく地積が広大な宅地であり、②都市計画法4条12項に規定する開発行為を行うとした場合に公共公益的施設用地の負担が必要と認められるものをいうとされています。

また、③大規模工場用地に該当するもの及び中高層の集合住宅等の敷地用地に適しているもの（その宅地について、経済的に最も合理的であると認められる開発行為が中高層の集合住宅等を建築することを目的とするものであると認められるものをいいます。）を除くとも規定されています。この規定は広大地の定義であると同時に要件でもありますが、非常に曖昧なものとなっています。

これを簡単に表現するならば、①仮にその土地を相続開始時点で売却すると想定した場合に、その典型的な買主が宅地分譲業者又は戸建分譲業者となると思われる土地であり、②さらに、その宅地分譲業者又は戸建分譲業者が評価対象地を購入後、区画割し、戸建分譲する場合には、開発道路等を設ける必要性があると思われる土地であること

となります。例えば、その典型的な例としては、戸建住宅地域内に存する戸建住宅用地よりも著しく地積が大きな駐車場や畑が挙げられると思います。

しかし、このような土地は個人のマイホーム用地とはなりにくいものです。また、戸建分譲業者が戸建分譲用地として購入した後は、この土地を区画割し、開発道路を設けるなどの宅地造成を施し、個人に分譲することが一般的です。なお、住宅地域の相続税路線価は、マイホーム用地であることを前提に付されているため、これら住宅地域内に存する広大地に該当する土地の相続税路線価は、戸建分譲業者の開発道路設置のための有効宅地面積の減少、造成費、個人に対して売却するための広告宣伝等の販売費等が考慮されていません。平成16年の改正で設けられた広大地補正率は、こうした戸建分譲業者による開発の結果生じる個別的減価要因を反映するものとして設けられたものでした。

また、前述の広大地の規定③のとおり、広大地は「大規模工場用地に該当するもの及び中高層の集合住宅等の敷地用地に適しているもの（その宅地について、経済的に最も合理的であると認められる開発行為が中高層の集合住宅等を建築することを目的とするものであると認められるものをいう。）を除く」とされています。この③における「中高層の集合住宅等の敷地用地に適しているもの」は、「当該土地の売却を想定した場合、戸建分譲用地よりも、マンションの敷地用地、店舗の敷地用地、事務所ビルの敷地用地、中小工場・倉庫の敷地用地など、買主が当該土地を購入後、建物の敷地用地として一体利用すると思われる土地」をいいます。

通常、これらのマンション用地等は、戸建分譲用地と異なり、敷地を一体利用するため、戸建分譲用地における開発道路等による有効面積の減少が生じません。そのため、マンション用地等の需要と戸建分

譲用地の需要が混在する地域においては、マンション業者は戸建分譲業者よりも評価対象地を高く購入することができ、結果として、相続税法上の土地評価においても、戸建分譲用地における個別的減価要因を反映した広大地補正率を採用する必要がなく、広大地の規定③から除かれているものです。

　ところで、こうした広大地補正率の表すものや広大地評価理論は理解することができたとしても、実務上では、広大地に該当するか否かの判断が、評価対象地の在する地域や不動産の売買市場の状況によって異なるという点が、広大地評価の最も難しく、争いの多い部分になります。

　広大地に該当するか否かの主な論点としては、①その地域における標準的な宅地の地積に比して著しく地積が広大な宅地であるか否か、②評価対象地が開発行為を行うとした場合に公共公益的施設用地の負担が必要と認められるものに該当するか否か、③評価対象地がマンション等の適地に該当しないか否か、などがよく挙げられます。そして、これらの論点は、不動産に関する専門的知識を必要とするため、税理士単独では判断し難く、申告を担当する税理士は、広大地評価の否認による修正申告による本税の増加や過少申告加算税・延滞税のリスクを回避するために、当初申告においては広大地評価を適用せず、更正の請求を行うという事案や、当初申告を行った税理士とは別の税理士が更正の請求をするといった事案が多くなりました。これらに伴い、広大地に該当するか否かを国税不服審判所などで争う事例も多く見受けられるようになりました。また、その他、地価の安定並びに主に三大都市圏における地価の上昇によって、広大地に該当する土地の時価が広大地評価額を大幅に上回る事案も多くなり、広大地以外の土地とのバランスという面において、課税の公平の見地から、広大地評価の見直しを求められる気運が強くなりました。

(2) 平成29年改正の内容

　上記のとおり、平成16年における改正では多くの問題が生じていたため、今回の改正は、これらの広大地評価の問題点の解決という目的に重きを置いています。

　改正の一つ目の大きなポイントは、「適用要件の明確化 − 実態基準から形式基準へ − 」です。前述のとおり、従来の広大地評価の適用要件では、評価対象地が所在する不動産の売買市場の実態に基づいての判断を要するため、その判断が非常に難しいものとなっていました。不動産に関する十分な知識がない税理士や課税当局の担当者は、不動産評価の専門家の助けを求めなければ、判断をすることができないという事案が多く見受けられ、当局は、適用可否の判断に悩まないよう、要件を客観的なものに改正し、これを明確化しました。

　詳細については後述しますが、従来の広大地評価における「宅地開発するに当たり、公共公益的施設用地の負担が必要と認められる土地」の要件がなくなり、さらに「マンション適地等一体利用されると認められる土地は除く」という要件もなくなりました。つまり、今回、新設された財産評価基本通達20 − 2（地積規模の大きな宅地の評価）の適用要件に該当すれば、画一的に、その適否の判断ができることとなったのです。

　二つ目のポイントは、「減額割合の減少」です。この目的は、これまでの広大地評価の問題点である「評価額と時価との乖離」を是正する点にあります。具体的には、財産評価基本通達24 − 4の規定の廃止、すなわち、広大地補正率を廃止し、後述する算式による減額割合となったのです。

　以下、具体的な内容を見ていきましょう。

(3) 改正財産評価基本通達

○財産評価基本通達20-2（地積規模の大きな宅地の評価）

地積規模の大きな宅地（三大都市圏においては500㎡以上の地積の宅地、それ以外の地域においては、1,000㎡以上の地積の宅地をいい、次の(1)から(3)までのいずれかに該当するものを除く。以下本項において「地積規模の大きな宅地」という。）で14-2（（地区））の定めにより普通商業・併用住宅地区及び普通住宅地区として定められた地域に所在するものの価額は、15（（奥行価格補正））から前項までの定めにより計算した価額に、その宅地の地積の規模に応じ、次の算式により求めた規模格差補正率を乗じて計算した価額によって評価する。

(1) 市街化調整区域（都市計画法第34条第10号又は第11号の規定に基づき宅地分譲に係る同法第4条（（定義））第12項に規定する開発行為を行うことができる区域を除く。）に所在する宅地

(2) 都市計画法第8条（（地域地区））第1項第1号に規定する工業専用地域に所在する宅地

(3) 容積率（建築基準法（昭和25年法律第201号）第52条（（容積率））第1項に規定する建築物の延べ面積の敷地面積に対する割合をいう。）が10分の40（東京都の特別区（地方自治法（昭和22年法律第67号）第281条（（特別区））第1項に規定する特別区をいう。）においては10分の30）以上の地域に所在する宅地

（算式）

$$規模格差補正率 = \frac{Ⓐ \times Ⓑ + Ⓒ}{地積規模の大きな宅地の地積（Ⓐ）} \times 0.8$$

上の算式中の「Ⓑ」及び「Ⓒ」は、地積規模の大きな宅地が

所在する地域に応じ、それぞれに次に掲げる表のとおりとする。

イ　三大都市圏に所在する宅地

地積㎡　　　　　　地区区分　記号	普通商業・併用住宅地区、普通住宅地区	
	Ⓑ	Ⓒ
500以上　1,000未満	0.95	25
1,000以上　3,000未満	0.90	75
3,000以上　5,000未満	0.85	225
5,000以上	0.80	475

ロ　三大都市圏以外の地域に所在する宅地

地積㎡　　　　　　地区区分　記号	普通商業・併用住宅地区、普通住宅地区	
	Ⓑ	Ⓒ
1,000以上　3,000未満	0.90	100
3,000以上　5,000未満	0.85	250
5,000以上	0.80	500

(注)1　上記算式により計算した規模格差補正率は、小数点以下
　　　第2位未満を切り捨てる。
　　2　「三大都市圏」とは、次の地域をいう。
　　　イ　首都圏整備法（昭和31年法律第83号）第2条（（定義））
　　　　第3項に規定する既成市街地又は同条第4項に規定する近
　　　　郊整備地帯
　　　ロ　近畿圏整備法（昭和38年法律第129号）第2条（（定義））
　　　　第3項に規定する既成都市区域又は同条第4項に規定する
　　　　近郊整備区域
　　　ハ　中部圏開発整備法（昭和41年法律第102号）第2条（（定
　　　　義））第3項に規定する都市整備区域

また、今回の改正に伴い、戸建住宅用地として、宅地分譲を想定した場合に生じる潰れ地の負担による減価は、主に地積に依拠する一方、奥行距離にも依拠することから、改正前の奥行価格補正率の数値では潰れ地の負担による減価を反映しきれていないので、奥行価格補正率の数値に当該減価を反映させるための見直しが行われ、付表1の奥行価格補正率表も改正されました。

○奥行価格補正率表（抜粋）

奥行距離 （メートル）　地区区分	普通商業・ 併用住宅地区		普通住宅地区	
	改正前	改正後	改正前	改正後
24以上　28未満	1.00	1.00	0.99	0.97
28以上　32未満			0.98	0.95
32以上　36未満	0.98	0.97	0.96	0.93
36以上　40未満	0.96	0.95	0.94	0.92
40以上　44未満	0.94	0.93	0.92	0.91
44以上　48未満	0.92	0.91	0.91	0.90
48以上　52未満	0.90	0.89	0.90	0.89

なお、新設された財産評価基本通達20－2の解釈指針として「資産評価企画官情報第5号・資産課税課情報第17号（平成29年10月3日）」も参考としてください。

(4)　改正後の適用要件のポイント

ア　地積規模が大きいか否かの判断基準

○客観的な面積基準に統一
①　三大都市圏は500㎡以上
②　上記①以外の地域は1,000㎡以上

第1章 第1 広大地評価の改正　　11

　従来の広大地評価では、面積基準として、評価対象地が所在する市区町村の開発許可面積以上という判断基準がありました。原則として、市街化区域内においては三大都市圏は500㎡以上、それ以外の地域は1,000㎡又は3,000㎡以上にてこの面積基準を満たすものとしていました。しかし、一方で、評価対象地の所在する不動産の売買市場の実態に基づきミニ分譲が多い地域に所在する場合には、評価対象地が開発許可面積未満の面積であったとしても、広大地評価の適用が認められていました。また、これとは逆に、その地域の標準的な宅地の地積が開発許可面積を上回るような場合には、評価対象地が開発許可面積以上の面積を有していたとしても、広大地評価の適用が認められませんでした。

　このように、これまでの広大地評価では、実態という側面を重要視していたため、この面積基準においても、課税当局との見解の相違が生じる余地がありましたが、今回の改正により、上記①・②となり、客観的な面積基準に統一されました。なお、この面積は従来どおり、原則的な開発許可面積を採用したものと思われます。

　　イ　適用すべき地域の判断基準

　今回の改正により、路線価地域においては、①普通商業・併用住宅地区、②普通住宅地区に所在する場合に限定されました。また、市街化調整区域においては、宅地開発が可能な地域に所在する場合に限定されることとなりました。さらに、都市計画法上の用途地域である工業専用地域に所在する場合が除外されました。

　なお、評価対象となる宅地の正面路線が2以上の地区にわたる場合には、地区について都市計画法の用途地域を判断要素の一つとして設定していることから、建築基準法における用途地域の判定の考え方を踏まえ、当該宅地の過半の属する地区をもって、当該宅地の全部が所在する地区とします。

これまでの広大地評価の規定では、「主として普通住宅地区等に所在する土地で、大規模工場用地は除く」と規定されていました。そのため、原則として路線価図の地区区分は問われておらず、市場の実態に基づいて評価対象地が戸建住宅の需要があると認められる地域に所在する場合には、広大地評価の適用が認められてきました。したがって、これまでの広大地評価の規定では、その適用の可否を判断するためには、市場の実態を調査する必要がありました。ですが、例えば、評価対象地が中小工場と戸建住宅が混在する地域に所在する場合や、繁華性が乏しい幹線道路沿いに所在し、戸建住宅と店舗が混在する地域等においては、市場の実態の調査を行ったとしても、画一的な見解とはなりにくいため、課税当局と税理士との間で、広大地評価の適用の可否の判断が分かれる事態が生じていました。

今回の改正は、この点を解消するために行われたものと考えられます。これまでのように、広大地評価の適用の可否を判断するために、市場の実態を調査しなければならないということがないように、適用すべき地域を割り切った形で上記の2地区に限定したものと考えられます。これにより、今後は、申告を担当する税理士は、評価対象地の路線価図を確認し、上記の2地区に該当するかのみを確認すればよく、判断に迷い課税当局と税理士との間で見解の相違が生じるという事態は生じないこととなりました。

　ウ　マンション適地等について

これまでの広大地評価においては、評価対象地が容積率300％の地域に所在する場合には、原則として、マンション適地等と考えられるという旨の判断基準が示されていました。確かに、マンション適地であるか店舗適地であるかの判断のためには、容積率は重要な基準の一つとなります。しかし、最寄駅から遠くマンション需要の乏しい地域に所在する場合、あるいは、繁華性が乏しい幹線道路沿いに所在し、

店舗需要が著しく弱い地域に所在する場合では、たとえ評価対象地が容積率300％の地域に所在していたとしても、戸建分譲用地とならざるを得ないケースもあります。そのため、マンション適地等であるか否かの判断は、画一的に容積率のみでは判断できず、市場の実態を要することとなっていました。

　そこで、今回の改正により、課税当局は、一般的な地域の不動産の売買市場の実態に即し、評価対象地が指定容積率400％（東京23区は300％）以上の地域に所在する場合には、マンション適地等に該当するものとして、容積率において形式的な基準を設け、マンション適地等に該当する場合の除外要件を設けないこととしました。

　なお、評価対象となる宅地が指定容積率の異なる2以上の地域にわたる場合には、建築基準法の考え方に基づき、各地域の指定容積率に、その宅地の当該地域内にある各部分の面積の敷地面積に対する割合を乗じて得たものの合計により容積率を判定することとしました。

　　エ　開発行為を行うに当たり開発道路を要すると認められる宅地
　　　であることの要件の廃止

　これまでの広大地の要件の一つであった「開発行為を行うとした場合に公共公益的施設用地の負担が必要と認められるものに該当する」の廃止が今回の改正の最大のポイントといえます。前述のとおり、戸建分譲業者は、広大地に該当するような著しく広大な土地を購入し、これを宅地開発する場合には、開発道路を必要とします。また、その開発道路部分は宅地開発後にこれを売却する際の販売価格を構成しないため、戸建分譲業者が評価対象地を購入する際、その開発道路相当の価額分を減額して、購入価格を決定します。広大地評価の規定はこうした減価要因を相続税の土地評価上においても考慮したものでした。しかし、相続税の申告の実務上では、宅地開発を想定した場合に開発道路を要するか否かは、評価対象地の地積、地形、間口、道路

付、想定される分割後の画地の規模等による総合的な判断を必要としたため、納税者と課税当局との間に見解の相違が生じるという事態が多発していました。

　課税当局はこの問題を解決するため、新設した地積規模の大きな宅地の評価においては、この要件を除外したものと考えられます。また、この点が従来の広大地評価の規定と大きく異なるため、評価の規定の名称をも変更したものと考えられます。地積規模の大きな宅地の評価は従来の広大地評価の考え方を引き継ぎつつも、これまでの様々な問題点を解消するために、一定規模の大きな宅地であるならば開発道路を必要とする宅地であるものとみなし、評価額の面でもある程度一律に割り切ったものとなっています。さらに、「開発行為を行うとした場合に公共公益的施設用地の負担が必要と認められるものに該当する」という要件を除外することにより、極めて円滑な実務執行となるよう配慮したものと考えられます。

　なお、私見ではありますが、この点については、不動産評価の専門家である不動産鑑定士の筆者からすると驚きを禁じえません。なぜなら、この要件は評価対象地が戸建分譲用地と考えられる場合の最大の減価要因であるためです。この要件を除外してしまうと、新設の地積規模の大きな宅地の評価では、評価対象地が整形地で奥行が浅く開発道路を必要としないような土地である場合にも、「地積規模の大きな宅地」に該当します。つまり、開発道路を必要とする土地も必要としない土地も同一の地積である場合には、地積規模の大きな宅地の評価規定によると、同じ規模格差補正率が適用され、同じ評価額となります。したがって、適正な評価という観点において、大きな問題を生じていると考えています。

　　オ　現に宅地として有効利用されているか否かの要件の廃止
　従来の広大地評価においては、評価対象地上に建物が建っている場

合、その建物がその地域の標準的な使用に該当するときは、「現に宅地として有効利用されている土地」として広大地評価を適用することができませんでした。この点についても、ほかの論点と同様に、その地域の標準的な使用が何であるかを客観的に判断することは難しいため、納税者と課税当局との間では見解の相違が生じていました。

　そこで、今回の改正では、上記アからウに該当するのであれば評価対象地上にどのような建物が建っている場合においても、「地積規模の大きな宅地」に該当することとなりました。なお、筆者の見解としては、相続税の財産評価の基本原則によるならば、「広大地」も「地積規模の大きな宅地」も、本来自用地として評価するため、更地を前提に評価するべきであり、評価対象地上に建っている建物により評価額が異なるものではないと考えています。

2　広大地評価の規定と比較して、適用範囲が広がったもの

　広大地評価の適用要件と地積規模の大きな宅地の評価の適用要件の違いにより、従来は広大地に該当しなかったが、地積規模の大きな宅地には該当する土地を以下に例示します（なお、個別に記載がない場合には、他の適用要件は満たしている土地とします。）。

(1)　奥行が浅く、宅地開発するに当たり開発道路を必要としない土地で、三大都市圏において500㎡（三大都市圏以外の地域においては1,000㎡）以上の土地

①　ようかん切り開発が可能な土地

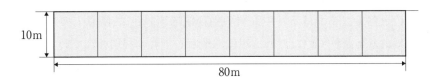

② 路地状開発が可能な土地

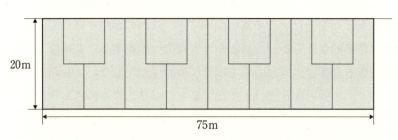

上記①・②共に「開発道路を必要とする土地」の要件がなくなったため、適用可能となります。

(2) 国道等の幹線道路沿いの店舗、営業所の敷地

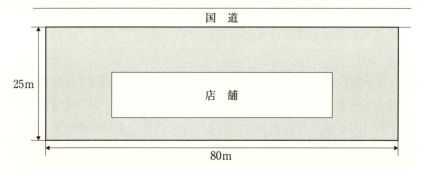

　国道等の幹線道路沿いの土地は、店舗・営業所などの敷地として一体利用を前提に売買されるため、広大地評価は適用することができませんでしたが、今回の改正で「マンション適地等に該当しない」こととする要件がなくなったため、適用可能となります。

(3) 現況3階建て以上の賃貸マンションの敷地

　広大地評価の規定の「中高層の集合住宅等の敷地用地に適しているものを除く」における「中高層の集合住宅等」とは3階以上の共同住宅であるとされていたため、現に宅地として有効利用されている敷地に該当すると考えられ、広大地評価が認められないケースもありました。しかし、改正後の地積規模の大きな宅地の評価では、評価対象地

上にどのような建物が建っていたとしてもこれに該当することとなるため、適用可能となります。

　(4)　駅周辺や最寄駅の徒歩圏内に所在する、三大都市圏においては500㎡（三大都市圏以外の地域においては1,000㎡）以上の土地で、指定容積率が400％（東京23区は300％）未満の地域に所在する土地

　広大地評価では、マンション適地と考えられる土地は適用対象外でしたが、改正後の地積規模の大きな宅地の評価においては、この要件は容積率による画一的要件へと変更されたため、周辺の不動産の売買市場から判断して明らかにマンション適地であったとしても、指定容積率の要件を満たすのであれば、適用可能となります。

　(5)　まとめ

　以上、現時点において、考えられるものを例示しましたが、いずれも、従来広大地に該当するか否かについて国税不服審判所等で争われた主な論点です。これらは、地積規模の大きな宅地の評価では従来の広大地評価に比べて格段に適用要件を緩和したため、改正後においては適用可能になったものといえます。感覚的な話ではありますが、対象となる土地は従前の3倍以上に広がっているのではないかと思慮します。また、被相続人が住宅地に複数の土地を所有している場合には、その土地の個性にもよりますが、全体としての評価額は下がるケースも考えられます。

3　広大地評価の規定と比較して、適用範囲から除外されるもの

　今度は、上記2とは逆に、従来は広大地に該当したが、地積規模の大きな宅地には該当しない土地を以下に例示します（なお、上記2と同様に、個別に記載がない場合には、他の適用要件は満たしている土地とします。）。

(1) 都市計画法上の準工業地域に所在し、かつ、路線価図の地区区分が中小工場地区に該当するものの、中小工場と住宅が混在する地域でもあり、不動産の売買市場の実態に鑑みると宅地分譲業者が購入すると考えられる土地

繰返しになりますが、従来の広大地では、路線価図の地区区分に限らず、不動産の売買市場の実態に鑑み宅地分譲業者が購入し開発道路を設けて宅地分譲すると考えられる土地について、広大地評価の適用が認められました。しかし、今回の改正により、路線価図の地区区分である中小工場地区は、個々の地区の不動産の売買市場の実態にかかわらず、形式的に中小規模の工場用地として利用されることが標準的なものとみなして、地積規模の大きな宅地の評価の適用対象から除外されることとなりました。

(2) 市区町村の宅地開発の条例等の開発許可面積が三大都市圏においては500㎡（三大都市圏以外の地域では1,000㎡）未満の土地

東京23区内では開発許可面積を500㎡未満に定めている自治体があります。例えば、区の条例で350㎡以上を開発許可面積と定めている場合で、評価対象地がその開発許可面積以上の面積を有するときには、広大地評価の規定による500㎡を満たさないとしても、広大地に該当していました。地積規模の大きな宅地の評価における面積基準は形式的かつ画一的なものになりましたので、評価対象地の面積が500㎡に満たない場合には、これに該当しないこととなりました。

(3) 評価対象地の面積がその自治体の開発許可面積未満であるものの、ミニ分譲が多く認められる地域に所在する土地

例えば、東京23区内においてその開発許可面積が500㎡以上と定められているものの、不動産の売買市場の実態より評価対象地の存する地域の宅地分譲の最低区画が80㎡程度であると認められる場合には、その面積が450㎡など開発許可面積未満であったとしても、広大地と認められたケースを当方で扱ったことがありました。しかし、今後、

地積規模の大きな宅地の評価においては、上記(2)同様、その適用は認められないこととなります。

4 改正後の評価方法についての検討

(1) 地積規模の大きな宅地の評価の計算式

> 評価額＝正面路線価×地積×補正率^{※1}×規模格差補正率^{※2}
>
> ※1 形状（不整形、奥行）等を考慮した補正率
>
> ※2 面積を考慮した補正率

従来の広大地補正率には各種画地補正や造成費・セットバックによる減価が含まれていましたが、改正後の計算式では、画地補正については上記のとおりの算式（補正率×規模格差補正率）となり、広大地補正率では含まれていた造成費・セットバック減価については、上記算式とは別にして、計算することとなりました。

(2) 規模格差補正率と広大地補正率との比較

<規模格差補正率と広大地補正率との比較表>

| 地　積 | 地積規模の大きな宅地の評価 | | | | 広大地評価 | |
| | 三大都市圏 | | 三大都市圏以外の地域 | | | |
	規模格差補正率	減額割合	規模格差補正率	減額割合	広大地補正率	減額割合
500㎡	0.80	△20%	—	—	0.575	△42.5%
1,000㎡	0.78	△22%	0.80	△20%	0.55	△45%
1,500㎡	0.76	△24%	0.77	△23%	0.525	△47.5%
2,000㎡	0.75	△25%	0.76	△24%	0.50	△50%
2,500㎡	0.74	△26%	0.75	△25%	0.475	△52.5%
3,000㎡	0.74	△26%	0.74	△26%	0.45	△55%
5,000㎡	0.71	△29%	0.72	△28%	0.35	△65%

規模格差補正率は、広大地補正率と違い画地補正率を含んでいないので単純な比較はできませんが、減価率が地積の規模に応じてどの程度縮小されているのかが分かります。

(3)　地積規模の大きな宅地の評価額が時価を上回るケース

今回の改正の結果、上記のとおり、地積規模の大きな宅地の評価による減額割合は従来の広大地評価の減額割合よりも大幅に減少することとなりました。このため、従来は、評価対象地の相続税評価額が時価を上回るケースは少なかったのですが、今後は、土地の画地条件等によっては「地積規模の大きな宅地」としての相続税評価額が時価を上回るケースも多く考えられることとなります。その例を以下に示します。

なお、①地積規模の大きな宅地に該当する土地を、相続開始後にその納税資金のために売却し、その売却価格が相続税評価額を下回っているときや、②上記のように土地の画地条件等から相続税評価額が時価を上回ることが考えられるような場合には、今後、この評価対象地の申告を行う税理士は、地積規模が大きな宅地の評価に基づく相続税評価額が時価を上回る額になっていないかの確認が必要になると思われます。また、その結果、相続税評価額が時価を上回ると認められる場合には、相続税法22条の時価主義に基づき不動産鑑定士等による時価による申告を納税者のために行うべき義務が生じるものと思います。

> 改正により、時価を上回る土地の評価額が、多くなる。
> ➡時価を意識した土地評価が今後税理士に求められる。

ア 著しく高低差のある宅地

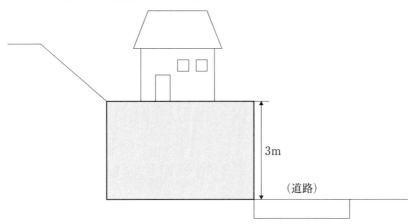

　このような土地では、宅地分譲をするに当たり、切土・盛土等の多額の造成費が必要となるため、地積規模の大きな宅地の評価による20％から30％程度の減額割合と造成費による減額の併用では、相続税評価額が時価を上回るケースがあると考えます。

イ 市街地山林

例：地積3,000㎡の市街地山林	
（※純山林には該当しないものとしての比較）	
広大地評価額	50,000,000円
地積規模の大きな宅地の評価額	100,000,000円
時価（鑑定評価額）	70,000,000円

　市街地山林は通常、広大地に該当する場合が多くありました。この場合、広大地評価の算式に基づき、地積規模によって50％程度の減額となっていました。ところが、改正後は、地積規模の大きな宅地の評価の算式では、この減額割合が相当縮小されるため、評価対象地の相続税評価額が時価を上回るケースも発生するものと考えられます。

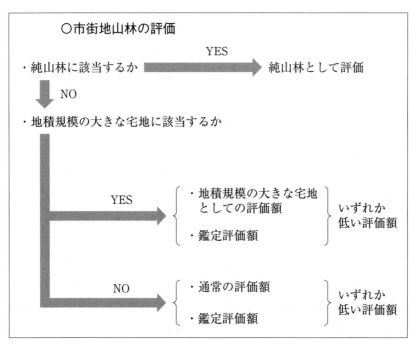

ウ　無道路地や宅地開発が不可能な土地

① 無道路地

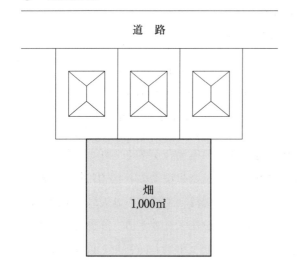

② 道路には接しているものの、現況では宅地開発をすることができない土地

〈前面道路が4m未満の土地〉

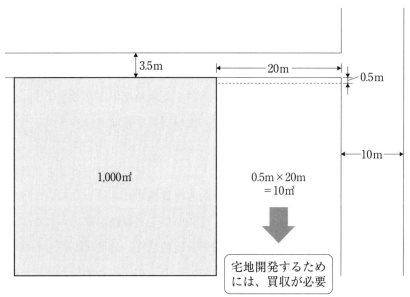

　無道路地に該当する場合は、現状では宅地開発をすることができません。しかし、このような場合であっても、評価対象地の隣地を買収することを前提とするのであれば広大地評価の適用要件を満たすときには、広大地評価を適用することが可能となり、おおむね50％程度の評価減がされることとなっていました。しかし、今回の改正後は、地積規模の大きな宅地の評価ではその減額割合は相当縮小されるため、これまでの例と同様、相続税評価額が時価を上回るケースも多くなってくることが想定されます。

　また、評価対象地と道路との間に既に建物が建っている場合も、事実上隣地の買収が不可能であるといえるため、通常、これ相応の減価が認められてきていました。さらに、同様のケースとして、自治体に

よって、宅地開発の要件として、評価対象地の接面道路が建築基準法上の道路であり、かつ、その幅員が4m以上あるということを掲げる場合もあります。このような場合にも、評価対象地は宅地開発が不可能である地域に存することとなりますので、相応の減価が認められるべきですが、地積規模の大きな宅地に該当することによる評価額では、時価を上回るケースが発生するものと考えられます。この場合にも鑑定評価額を用いた時価申告を検討する余地があると考えます。

　エ　土地区画整理中の土地で、使用収益が可能となるまでに相当の期間を要する土地

　土地区画整理中の地域内にある土地で、土地区画整理事業の遅延によりその使用収益が10年以上先であると見込まれる場合においては、標準的な宅地規模の価格と比較して50％以上の減価が認められます。しかし、広大地評価による減額割合と比較して、地積規模の大きな宅地の評価による減額割合は大きくないため、相続税評価額と時価との逆転現象が起こり得ると考えます。

(4)　適用要件の判定

　これまでの総括として、地積規模の大きな宅地に該当するか否かの判定手順を以下に示します。

①　地積判定
　㋐　三大都市圏に所在する場合

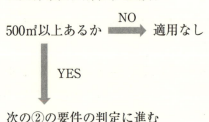

① 三大都市圏以外の地域に所在する場合

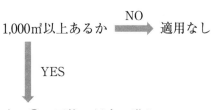

　　次の②の要件の判定に進む

② 都市計画法の工業専用地域に所在するか

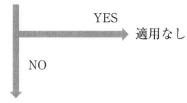

　　次の③の要件の判定に進む

③ 容積率判定

　㋐ 東京都の特別区に所在する場合

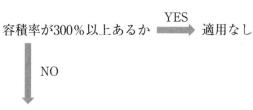

　　次の④の要件の判定に進む

　㋑ 東京都の特別区以外の地域に所在する場合

容積率が400％以上あるか　→YES　適用なし

　　　NO
　↓

　　次の④の要件の判定に進む

④ 地区区分判定

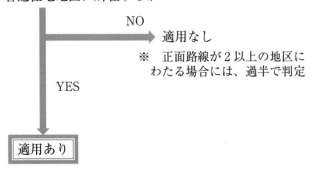

⑤ 市街化調整区域に所在する場合

　上記①〜④の適用要件を満たすと同時に、更に次の判定が必要となります。

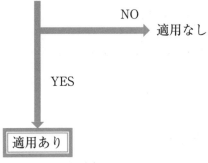

⑥ 地積規模の大きな宅地の評価額が時価を上回ると認められる場合

鑑定評価額等による時価申告をする

第2 「地積規模の大きな宅地の評価」の具体的な計算事例

【事例1】

- 現況利用状況：自宅
- 三大都市圏に所在
- 地積1,200㎡
- 第一種低層住居専用地域に所在
- 東京都の特別区以外の地域に所在
- 容積率100％
- 普通住宅地区に所在

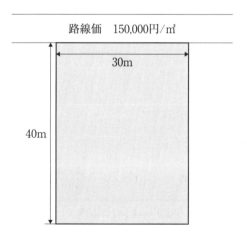

＜判　定＞

① 地積判定　三大都市圏に所在

　　1,200㎡ ≧ 500㎡　⇒OK

② 工業専用地域に所在するか

　　第一種低層住居専用地域に所在　⇒OK

③ 容積率判定　東京都の特別区以外の地域に所在

　　100%　＜　400%　⇒OK

④ 地区区分判定

　　普通住宅地区に所在　⇒OK

∴適用できる

＜地積規模の大きな宅地の評価額＞

$$150{,}000円／㎡ \times \underbrace{0.91}_{\substack{※1 \\ （奥行価格補正率）}} \times \underbrace{0.77}_{\substack{※2 \\ （規模格差補正率）}} \times 1{,}200㎡$$

補正率≒0.70（△30%）

= 126,126,000円

※1　40m以上44m未満　⇒0.91

※2　三大都市圏に所在　1,200㎡　⇒1,000㎡以上3,000㎡未満　⇒Ⓑ0.90、Ⓒ75

$$\frac{1{,}200㎡ \times 0.90 + 75}{1{,}200㎡} \times 0.8 = 0.77 \text{（小数点以下第2位未満切捨て）}$$

＜広大地評価額＞

$$150{,}000円／㎡ \times \left(0.6 - 0.05 \times \frac{1{,}200㎡}{1{,}000㎡} \right) \times 1{,}200㎡$$

補正率0.54（△46%）

= 97,200,000円

＜評価差額＞

126,126,000円 － 97,200,000円 ＝ 28,926,000円（約30%増加）

【事例2】

- 現況利用状況：駐車場
- 三大都市圏に所在
- 地積840㎡
- 第一種中高層住居専用地域に所在
- 東京都の特別区に所在
- 容積率200％
- 普通住宅地区に所在

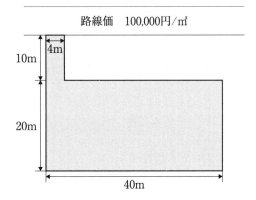

＜判　定＞

① 地積判定　三大都市圏に所在

　840㎡ ≧ 500㎡　⇒OK

② 工業専用地域に所在するか

　第一種中高層住居専用地域に所在　⇒OK

③ 容積率判定　東京都の特別区に所在

　200％ ＜ 300％　⇒OK

④　地区区分判定

　　普通住宅地区に所在　⇒OK

∴適用できる

＜地積規模の大きな宅地の評価額＞

	※1		※2	
	（奥行価格 補正率）	（不整形地 補正率）	（規模格差 補正率）	

100,000円／㎡　×　0.95　×　0.84　×　0.78　× 840㎡

　　　　　　　　　　　　画地補正率0.798

＝　52,284,960円

52,284,960円　－　700円／㎡　×　840㎡　＝　51,696,960円　　　　（※3）

※1　28m以上32m未満　⇒0.95

※2　三大都市圏に所在　840㎡　⇒500㎡以上1,000㎡未満　⇒Ⓑ0.95、

　　　Ⓒ25

$$\frac{840㎡ \times 0.95 + 25}{840㎡} \times 0.8 = 0.78（小数点以下第2位未満切捨て）$$

※3　東京国税局内における整地費

＜広大地評価額＞

$$100,000円／㎡ \times \left(0.6 - 0.05 \times \frac{840㎡}{1,000㎡} \right) \times 840㎡$$

　　　　　　　　　　　　　　　0.558

＝　46,872,000円

＜評価差額＞

51,696,960円　－　46,872,000円　＝　4,824,960円（約10％増加）

【事例3】

- 現況利用状況：市街地農地（畑）
- 三大都市圏以外の地域に所在
- 地積1,000㎡
- 準工業地域に所在
- 東京都の特別区以外の地域に所在
- 容積率200％
- 普通住宅地区に所在

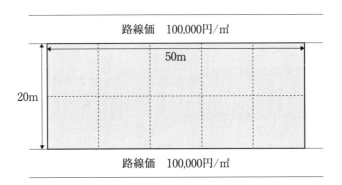

＜判　定＞

① 地積判定　三大都市圏以外の地域に所在

　　1,000㎡ ≧ 1,000㎡　⇒OK

② 工業専用地域に所在するか

　　準工業地域に所在　⇒OK

③ 容積率判定　東京都の特別区以外の地域に所在

　　200％ ＜ 400％　⇒OK

④ 地区区分判定

　　普通住宅地区に所在　⇒OK

∴適用できる

32   第1章　第2　「地積規模の大きな宅地の評価」
　　　　　　　　　　　の具体的な計算事例

＜地積規模の大きな宅地の評価額＞

※1
（奥行価格
補正率）　　　　　　　（二方路線加算）
｛100,000円／㎡ ×　1.00　＋（100,000円／㎡ × 1.00 × 0.02）｝
　　　　　　　　　　　　　　　　　画地補正率

※2
（規模格差補正率）
×　　　　0.80　　　× 1,000㎡ ＝ 81,600,000円

※3
81,600,000円 － 700円／㎡ × 1,000㎡ ＝ 80,900,000円

※1　20m以上24m未満　⇒1.00

※2　三大都市圏以外の地域に所在　1,000㎡　⇒1,000㎡以上3,000㎡未満
　　⇒Ⓑ0.90、Ⓒ100

$$\frac{1,000㎡ \times 0.90 + 100}{1,000㎡} \times 0.80 = 0.80 （小数点以下第2\\位未満切捨て）$$

※3　東京国税局内における整地費

＜改正前の評価額＞

※1
（奥行価格
補正率）　　　　　　　（二方路線加算）
｛100,000円／㎡ ×　1.00　＋（100,000円／㎡ × 1.00 × 0.02）｝
　　　　　　　　　　　　　　　　　画地補正率

× 1,000㎡ ＝ 102,000,000円

※2
102,000,000円 － 700円／㎡ × 1,000㎡ ＝ 101,300,000円

※1　20m以上24m未満　⇒1.00

※2　東京国税局内における整地費

＜評価差額＞

80,900,000円 － 101,300,000円 ＝ △20,400,000円（約20％減少）

第1章 第2 「地積規模の大きな宅地の評価」の具体的な計算事例

【事例4】

- 現況利用状況：市街地山林
- 三大都市圏に所在
- 地積14,584㎡
- 第一種低層住居専用地域に所在
- 東京都の特別区以外の地域に所在
- 容積率80％
- 普通住宅地区に所在

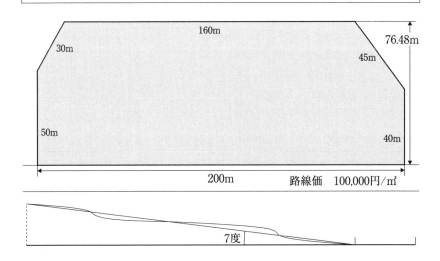

＜判　定＞

① 地積判定　三大都市圏に所在

　　14,584㎡ ≧ 500㎡　⇒OK

② 工業専用地域に所在するか

　　第一種低層住居専用地域に所在　⇒OK

③　容積率判定　東京都の特別区以外の地域に所在

80%　<　400%　⇒OK

④　地区区分判定

普通住宅地区に所在　⇒OK

∴適用できる

＜地積規模の大きな宅地の評価額＞

$$100{,}000円／㎡ \times \underbrace{0.83 \times 1.00}_{\text{画地補正率0.83}} \times 0.66 \times 14{,}584㎡$$

（奥行価格補正率）　（不整形地補正率）　（規模格差補正率）※1

$$= 798{,}911{,}520円$$

$$798{,}911{,}520円 - 275{,}637{,}600円 = 523{,}273{,}920円$$

（造成費）※2

※1　三大都市圏に所在　14,584㎡　⇒5,000㎡以上　⇒Ⓑ0.80、Ⓒ475

$$\frac{14{,}584㎡ \times 0.80 + 475}{14{,}584㎡} \times 0.8 = 0.66 \text{（小数点以下第2位未満切捨て）}$$

※2　傾斜度に係る造成費　⇒傾斜7度　⇒18,300円／㎡とする

伐採・抜根費　⇒600円／㎡とする

$$(18{,}300円／㎡ + 600円／㎡) \times 14{,}584㎡ = 275{,}637{,}600円$$

＜広大地評価額＞

$$100{,}000円／㎡ \times \underbrace{\left(0.6 - 0.05 \times \frac{14{,}584㎡}{1{,}000㎡}\right)}_{\substack{※\\0.35}} \times 14{,}584㎡$$

$$= 510{,}440{,}000円$$

※　地積　14,584㎡ ≧ 5,000㎡

　　∴広大地補正率0.35

<評価差額>

523,273,920円 － 510,440,000円 ＝ 12,833,920円（約2.5％増加）

【事例5】

- 現況利用状況：貸家建付地（アパートの敷地）
- 三大都市圏に所在
- 地積600㎡
- 第一種住居地域に所在
- 東京都の特別区以外の地域に所在
- 容積率300％
- 普通住宅地区に所在
- 借地権割合60％

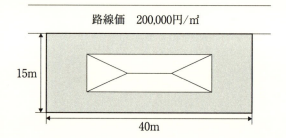

＜判　定＞

① 地積判定　三大都市圏に所在
   600㎡ ≧ 500㎡　⇒OK
② 工業専用地域に所在するか
   第一種住居地域に所在　⇒OK
③ 容積率判定　東京都の特別区以外の地域に所在
   300％ ＜ 400％　⇒OK
④ 地区区分判定
   普通住宅地区に所在　⇒OK

∴適用できる

＜地積規模の大きな宅地の評価額＞

（自用地評価額）

$$200,000円／㎡ \times \underset{(奥行価格補正率)}{1.00} \times \underset{(規模格差補正率)※}{0.79} \times 600㎡$$
$$= 94,800,000円$$

※ 三大都市圏に所在　600㎡ ⇒500㎡以上1,000㎡未満 ⇒Ⓑ0.95、Ⓒ 25

$$\frac{600㎡ \times 0.95 + 25}{600㎡} \times 0.8 = 0.79（小数点以下第2位未満切捨て）$$

（貸家建付地評価額）

$$94,800,000円 \times （1 - 0.6 \times 0.3） = 77,736,000円$$

＜改正前の評価額＞

（自用地評価額）

$$200,000円／㎡ \times \underset{(奥行価格補正率)}{1.00} \times 600㎡ = 120,000,000円$$

（貸家建付地評価額）

$$120,000,000円 \times （1 - 0.6 \times 0.3） = 98,400,000円$$

＜評価差額＞

$$77,736,000円 - 98,400,000円 = △20,664,000円（21％減少）$$

38　第1章　第2　「地積規模の大きな宅地の評価」の具体的な計算事例

【事例6】

- ・現況利用状況：貸家建付地
- ・三大都市圏以外の地域に所在
- ・地積2,000㎡
- ・商業地域に所在
- ・東京都の特別区以外の地域に所在
- ・容積率300％
- ・普通商業・併用住宅地区に所在
- ・借地権割合60％
- ・周辺利用状況：幹線道路沿いの店舗・営業所が連担する地域

路線価　200,000円/㎡

25m

店　舗

80m

<判　定>

① 地積判定　三大都市圏以外の地域に所在

　　2,000㎡ ≧ 1,000㎡　⇒OK

② 工業専用地域に所在するか

　　商業地域　⇒OK

③ 容積率判定　東京都の特別区以外の地域に所在

　　300％ ＜ 400％　⇒OK

④　地区区分判定

　　普通商業・併用住宅地区に所在　⇒OK

∴適用できる

＜地積規模の大きな宅地の評価額＞

（自用地評価額）

　　　　　　　　　　　　　　　　　　　　　　　　　　　　　　※
　　　　　　　　　　　　（奥行価格補正率）　　　（規模格差補正率）

200,000円／㎡　×　　　　1.00　　　×　　　0.76　　　×　2,000㎡

＝　304,000,000円

※　三大都市圏以外の地域に所在 2,000㎡　⇒1,000㎡以上3,000㎡未満

　　⇒Ⓑ0.90、Ⓒ100

$$\frac{2,000㎡ \times 0.90 + 100}{2,000㎡} \times 0.8 = 0.76（小数点以下第2位未満切捨て）$$

（貸家建付地評価額）

304,000,000円／㎡　×　（　1　－　0.6　×　0.3　）　＝　249,280,000円

＜改正前の評価額＞

　現況の利用状況、周辺の利用状況から、評価対象地が所在するその地域の標準的使用は、店舗等の敷地と考えられ、広大地評価の適用はないものと考えられます。

（自用地評価額）

　　　　　　　　　　　　（奥行価格補正率）

200,000円／㎡　×　　　　1.00　　　×　2,000㎡　＝　400,000,000円

（貸家建付地評価額）

400,000,000円　×　（　1　－　0.6　×　0.3　）　＝　328,000,000円

＜評価差額＞

249,280,000円　－　328,000,000円　＝　△78,720,000円（24％減少）

第 2 章

広大地評価の
判例・裁決例

42

第2章　広大地評価の判例・裁決例　43

　現行の広大地評価の規定は、その適用要件が非常に曖昧であり、こ
れに該当すると思われる土地を所有する者の相続税若しくは贈与税の
申告を行う税理士や税務署員を悩ませてきました。そこで、平成30年
1月1日以後の相続・遺贈・贈与から、広大地の評価の規定は新たに
「地積規模の大きな宅地の評価」としてその姿を変えることとなり、
従来の曖昧な適用要件は客観的・画一的な適用要件に一新され、これ
までの実務上の問題を解決するような改正が行われました。

　なお、当然のことながら、平成29年12月31日までに発生した相続税
や贈与税の申告には広大地評価の規定が適用されます。本書が出版さ
れる頃には、既に平成30年1月1日の適用開始まで、残すところあと僅
かになっていると思いますが、広大地評価の規定を適用すべき申告業
務は、実際には、その申告期限ゆえに平成30年10月31日まで執り行わ
れることと思います。

　本書は、税理士の先生方が平成29年12月31日までに発生した相続税
等の申告に当たり、広大地評価を適用することができるか否かの判断
の参考としていただくべく、多くの裁決事例を掲載し、さらに、単に
税理士・税務の面のみではなく、不動産評価の専門家としての立場に
よる解説も加えました。また、平成30年以後の新たな規定の適用をう
け、各事例について「地積規模の大きな宅地」に該当するか否かのコ
メントを添え、改正前・後の適用についてより深く理解していただけ
るよう、補足しました。

　また、現行の広大地評価の適用要件のポイントを、以下にまとめま
した。広大地評価を争う裁決事例においては、一つの事例の中で、以
下に掲げるようなポイントがいくつか複合的に絡みあうということが
多く見受けられます。したがって、以下のポイントを一度お読みいた
だいた上で、各裁決事例をお読みいただきますと、より深いご理解に
つながるのではと思慮しています。

〇広大地評価の適用要件及びその問題点

【要件1】

評価対象地がその所在する地域の標準的な宅地規模に比して著しく地積が大きいこと。

問題点

・その地域の標準的な宅地規模の判断について、客観的な基準が設けられていないこと。

⇒原則として開発許可面積以上とするという判断基準はあります。しかし、例外として、評価対象地が開発許可面積以上であった場合にも、その地域の「標準的な宅地の地積規模」と比較して著しく地積が大きいと認められない場合には、広大地に該当しません。また、一方で、評価対象地が開発許可面積未満であった場合でも、ミニ分譲が多い地域に存すると認められる場合には、広大地に該当する旨の解釈基準も存在するため、その判断は客観的とはいい難いものとなっています。

【要件2】

宅地分譲業者又は戸建分譲業者が購入すると考えられる土地であること。ただし、マンション用地、店舗、営業所、倉庫、工場等一体利用することを前提に購入すると考えられる土地は除くこと。

問題点

・例えば、マンション等と戸建住宅が混在する地域では、最寄駅からの距離・地積・容積率、そして相続開始時点におけるマンション等の需要がある地域であるかなど、評価対象地の価格形

第2章　広大地評価の判例・裁決例　　45

成要因を総合的に判断しなければならず、客観的なものではな
いこと。

⇒中小工場と戸建住宅が混在する地域、幹線道路沿いで戸建住
宅と店舗が混在する地域等においても、同様です。

【要件3】
開発道路が必要と考えられる土地であること。

問題点

・路地状（旗竿）開発が行われている地域において、評価対象地
の形状・奥行によって、両方の宅地開発が可能であると考えら
れる場合、納税者側と課税当局側において見解の相違が生じや
すいこと。

【要件4】
現況建物が建っている敷地の場合、現に宅地として有効利用され
ている土地は該当しないこと。

問題点

・特に3階建て以上の賃貸マンションが建っている土地の場合、
課税当局と見解が分かれること。

・現況店舗が建っている場合、住宅地域内にある店舗は現に宅地
として有効利用されていないとする解釈基準があるが、住宅地
域であるか否かの判断基準が客観的ではないこと。

なお、その他の問題点として、「評価単位」が挙げられます。
相続税の土地評価は、ご存じのとおり、評価単位ごとに評価規定
を適用します。すなわち、地目ごと、利用単位ごと、さらに、評
価対象地に権利が付着している場合には当該権利を考慮した上で

の評価単位になります。この、相続税の土地評価の原則である
「評価単位」についても、案件によっては、課税当局との見解が
分かれます。

第1 評価単位

[1] 単独所有であった自宅の敷地の一部を遺産分割により単独で取得し、残りを共有で取得した場合の評価単位について争われた事例

（国税不服審判所平成21年8月26日裁決、東裁（諸）平21－12〔非公開裁決〕）

事 案

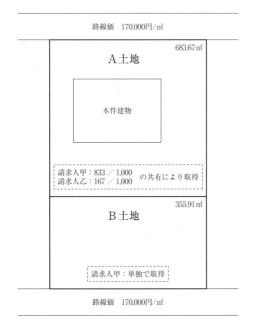

第2章 第1 評価単位

	取得者	納税者		原処分庁		審判所	
		評価単位	広大地	評価単位	広大地	評価単位	広大地
A土地	甲・乙	1評価単位	○	1評価単位	○	1評価単位	○
B土地	甲			1評価単位	×	1評価単位	×

【概　要】

＜A土地＞

間　口	24.78m	奥　行	27.53m
地　積	683.67㎡	地　形	ほぼ正方形
道路条件	北側で幅員6mの道路に等高に接面		

＜B土地＞

間　口	25.55m	奥　行	14m
地　積	355.91㎡	地　形	長方形
道路条件	南側で幅員6mの道路に等高に接面		

＜A土地・B土地共通＞

① 被相続人は、A土地及びB土地の各土地（以下「本件土地」という。）を所有していた。相続開始日現在において、本件土地は、被相続人及び請求人甲が居住の用に供していた家屋（以下「本件建物」という。）の敷地、本件建物への通路及び庭として利用されていた。

② 平成18年分財産評価基準によれば、本件土地は路線価地域に所在し、A土地が北側で接面する幅員が6mの道路に付された平成18年分路線価は17万円、B土地が南側で接面する幅員が6

mの道路に付された路線価は17万円であり、本件土地の所在する地区は、普通住宅地区である。

③　請求人甲は平成18年11月3日、A土地について売買代金を1億2,860万6,600円とする売買契約を締結した。

　　請求人らの間で、平成19年2月19日、相続に係る遺産分割協議が成立し（以下、この遺産分割を単に「遺産分割」という。）、A土地は、請求人甲が1,000分の833、請求人乙が1,000分の167の持分により共有で取得し、B土地は請求人甲が単独で取得した。

④　請求人甲は、本件土地の一部及び他の遺産を取得した代償として、請求人乙に対して金5,900万円を支払うこととなった。

　　なお、A土地の共有持分を取得することとなった請求人乙は、平成19年2月19日、上記③の売買契約を追認した。

⑤　A土地の売買代金は実測精算の結果1億2,822万2,200円となったが、請求人乙は当該売買代金のうち、A土地の持分1,000の167に相当する2,141万3,107円を平成19年4月3日に受領した。

⑥　原処分庁所属の調査担当職員（以下「調査担当職員」という。）は、平成19年12月10日、関与税理士事務所の担当者（以下「関与税理士事務所担当者」という。）から本件土地を1画地の宅地としての広大地評価の可否について質問され、1画地の宅地として広大地評価をしてよい旨口頭で回答した。

⑦　調査担当職員は、平成20年2月12日、本件各更正の請求のため原処分庁を訪れた関与税理士事務所担当者に対して、本件土地の評価について再検討した結果、本件土地の評価は2画地の宅地として評価することとなり、A土地のみが広大地評価できることを説明した。

⑧　B土地には、相続開始後、所有者を請求人甲とする家屋（平

成19年6月30日新築、平成19年8月23日所有権保存登記）が建築
されており、同家屋に請求人甲が居住している。

当事者の主張

◆請求人の主張

以下の理由により、全体を1画地の宅地として広大地評価を適用す
ることが相当である。

① 財産評価基本通達7-2によれば、宅地については「1画地の宅地
（利用の単位となっている1区画の宅地をいう。）を評価単位とす
る。」とされており、本件土地は、請求人甲が相続に係る相続税申
告期限の日において、その全体1,039.58㎡を居住の用に供している
ことから、1画地の評価単位とすることに問題はない。

② A土地に請求人乙の名義を入れたのは、請求人乙が代償金の受領
を確実なものとするために要望し、請求人甲が応じたものであり、
実質的には本件土地全体を請求人甲が取得したものであることか
ら、全体を1画地の宅地として評価することに問題はない。

③ 平成7年1月12日付けの裁決事例は、「雑種地を評価するに当たっ
ては、相続開始時において物理的に一体として利用されている土地
ごとに区分して評価するのが、『相続開始時における財産の現況』
に即した評価と解される。」旨判断しており、今回の審査請求に置
き換えられる内容である。

④ 本件土地の評価に当たっては、事前に原処分庁に相談したとこ
ろ、1画地の宅地として、広大地として評価するよう調査担当職員
の指導を受けたので、これに従い本件各更正の請求をしたものであ
り、職員の指導及びこれに従った本件各更正の請求は尊重されるべ
きである。

◆原処分庁の主張

　以下の理由により、本件土地の評価単位は遺産分割による分割後の2画地の宅地として、それぞれ評価すべきである。

①　本件土地の評価は、相続開始日現在の現況で評価することとなるが、評価単位は遺産分割後の取得者単位で評価することが相当である。

　　遺産分割により、A土地は請求人甲と請求人乙が共有で取得し、B土地は請求人甲が単独で取得したので、A土地とB土地の取得者は異なっている。

　　したがって、本件土地はA土地とB土地それぞれを1画地として評価すべきである。

②　A土地は、遺産分割協議中に不動産業者との間で売買契約を締結し、遺産分割に係る協議決定後、売買を登記原因とする所有権移転登記を行っており、また、請求人甲は遺産分割に係る協議決定後、B土地上に居住用家屋を建築していることから、A土地とB土地は、いずれも宅地として通常の用途に供することができ、財産評価基本通達7－2の注書に定める著しく不合理な分割でもない。

③　関与税理士事務所担当者が調査担当職員に、本件土地の評価単位を1画地で評価することの可否について相談し、調査担当職員が本件土地は1画地として評価してよい旨回答したとしても、責任のある立場の者の正式な見解として回答したものではないため、公的見解を表示したと解することはできない。したがって、本件各更正処分は、適法な課税処分であり、その結果、請求人らは法令等の規定に従って正当な税額を負担することになったにすぎないものであり、特に経済的不利益を被ったとは認められない。

52　第2章　第1　評価単位

> ### 審判所の判断

　以下の理由により、本件土地を1画地の宅地として評価する事情は
認められず、遺産分割後のA土地及びB土地をそれぞれ1画地の宅地
として、A土地のみ広大地評価することが相当と認められる。

①　本件土地は、相続開始日においては、本件建物の敷地、本件建物
　への通路及び庭として一体として使われていたが、その後、遺産分
　割により、A土地は請求人甲が持分1,000分の833を、請求人乙が持
　分1,000の167を取得し、B土地は請求人甲が単独取得したのである
　から、B土地は、請求人甲にとって単独所有の自用地として何ら制
　約なく利用できる土地であるのに対し、A土地は、請求人甲及び請
　求人乙の共有財産であり、共有物の変更や処分は共有者の同意が必
　要であるなど単独所有の場合と比較して使用、収益及び処分につい
　て制約がある土地であると認められる。

②　遺産分割について見ると、A土地及びB土地は、いずれも地積・
　地形及び近隣の住宅の画地規模から、住宅の新築や戸建住宅地の分
　譲等の用途として有効活用でき、宅地として通常の用途に供するこ
　とができないとは認められず、不合理分割には該当しない。

③　遺産分割において、A土地について請求人乙が1,000分の167の持
　分を取得していること及び請求人乙が、代償金のほかに、A土地の
　売却代金も持分に応じて受領していることからすれば、代償金の受
　領を確実にするためにA土地に請求人乙の名義を入れただけであ
　り、本件土地全体を請求人甲が取得したものであるとの請求人らの
　主張は採用することができず、本件土地は現物分割されたものであ
　ると認められる。

④　平成7年1月12日付けの裁決事例で評価対象となった土地は、被相
　続人が全体部分を一括で第三者に貸し付けていたものであり、本件

とは前提が異なるのであるから、請求人らの主張は採用できない。

⑤　調査担当職員の指導を信じたとして、そのことで本件各更正の請求が法律の規定に従ったものにはならない。調査担当職員の指導等に基づき、請求人らが信頼を抱いた場合において、そのような信頼を抱くことにもっともな事情があり、かつ、その信頼を裏切られることによって請求人らが格段の不利益を被るなどその信頼を保護しなければならない特別な事情が存する場合に、初めて信義則の法理の適用の是非を考えるべきである。本件では、調査担当職員が、一旦は、本件土地を1画地の宅地として評価してもよい旨回答したものの、原処分庁を訪れた関与税理士事務所担当者に対して、本件土地は2画地として評価する必要がある旨を説明している。そうすると、調査担当職員の回答により、請求人らが格段の不利益を受けたとは認められず、信義則の法理を適用すべき特別な事情は認められない。

コメント

　A土地及びB土地を一体として広大地評価ができるという納税者の主張に対して、原処分庁は、A土地は共有で取得し、B土地は単独で取得したことを理由にそれぞれを1画地として評価することが相当であるとし、A土地にのみ広大地評価を認めています。

　審判所は、B土地は請求人甲が単独取得したのであるから、請求人甲にとって単独所有の自用地として何ら制約なく利用できる土地であるのに対し、A土地は、請求人甲及び請求人乙の共有財産であり、共有物の変更や処分は共有者の同意が必要であるなど単独所有の場合と比較して使用、収益及び処分について制約がある土地であると認められることを理由に、全面的に原処分庁の主張を認めています。

評価単位の判定が広大地の判定にも大きく影響を与えてしまうこと、つまりは相続税額に多大な影響を与えてしまうことに留意して、評価単位の判断を慎重に行う必要があります。

改正後の取扱い

　本事例を改正後の地積規模の大きな宅地の評価に当てはめても、最終的な結論に大きく影響を与えるところはないと考えられます。

第2章 第1 評価単位　　55

［2］ それぞれが隣接し合う生産緑地、一般農地、雑種地について財産評価基本通達7のなお書の適用が否認され、それぞれ評価単位は別々であるものとして評価するのが相当と判断された事例

（国税不服審判所平成24年1月27日裁決、東裁（諸）平23－117〔非公開裁決〕）

事　案

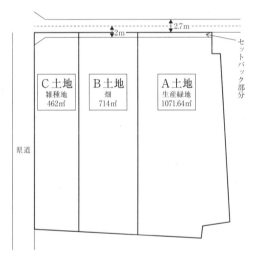

	地目	納税者		原処分庁		審判所	
		評価単位	広大地	評価単位	広大地	評価単位	広大地
A土地	畑（生産緑地）	1評価単位	○	1評価単位	○	1評価単位	○
B土地	畑			1評価単位	○	1評価単位	○
C土地	雑種地			1評価単位	×	1評価単位	×

【概　要】

① 被相続人は、A土地、B土地、C土地の各土地（以下、これらを併せて「各土地」という。）を所有していた。

② 相続に係る共同相続人（以下「共同相続人」という。）は、被相続人の長男である請求人他3名の合計4名である。

③ 平成19年9月22日、共同相続人の間で遺産分割協議が成立し、請求人が各土地を取得した。

④ A土地は、本件相続開始日において畑として利用されており、生産緑地法2条3号に規定する生産緑地であった。

⑤ B土地は、相続開始日において畑として利用されていた。

⑥ C土地は、相続開始日において月極駐車場として利用されていた。

⑦ A土地及びB土地は、地積がそれぞれ1,071.64㎡、714㎡であり、その北側において建築基準法42条2項に規定する道路（以下「2項道路」という。）に面しているところ、2項道路の幅員が2.7mであることから、セットバックを行った上で、開発道路を設けることによりそれぞれ宅地開発が可能である。

⑧ C土地は地積が462㎡で、その北側は2項道路に面し、西側は県道に面しており、開発道路を設けることなく複数の宅地に区画割が可能である。

⑨ 請求人は、平成19年11月8日付けで農業委員会会長に対し、被相続人の死亡を原因としてA土地についての「生産緑地に係る農業の主たる従事者についての証明願」を提出し、同会長は、同月28日付けで被相続人が主たる従事者に該当する旨証明した「生産緑地に係る農業の主たる従事者についての証明書」を請求人に交付した。

第2章　第1　評価単位　　57

⑩　請求人は、平成19年12月7日、被相続人の死亡を原因として
A土地の買取りを申し出たが、A土地は買取りにならなかった
ため、平成20年3月7日、生産緑地法14条の規定によりA土地に
係る行為制限が解除された。

当事者の主張

◆請求人の主張

以下の理由により、各土地を一団の土地として評価すべきである。

①　各土地は、北側公道の道幅が2.7mであり、車両のすれ違いがで
きない。個々の宅地は公道に接していなければならず、この公道を
利用するとすればセットバック後の公道に接する開発道路の開設に
相当の面積を必要とするため、開発できる宅地の数はほぼ半減する
から、各土地を一団として利用することには大きなメリットがあ
る。

②　C土地を単独で開発すると、A土地及びB土地は無道路地にな
り、開発できなくなるから、開発するには各土地を一体で開発する
必要がある。

③　各土地についてそれぞれ建築行為を行うとすると、敷地の南側や
東側に擁壁を建造して土地の高さを持ち上げる必要がある。

④　各土地を個々に開発すると、工事期間が長期化し、工事費も増加
するからそのような開発を行う工事業者は皆無であると考えられ
る。

⑤　各土地の売却は、相続税納付のための売却であり、請求人も個々
の売却は全く考えておらず、買取り事業者も一体開発を買取り条件
としていた。

⑥　財産評価基本通達7のなお書の趣旨に鑑みれば、財産評価基本通達40-3の(2)に該当する生産緑地は、農地以外の利用ができないことを前提とした財産評価基本通達40-3の(1)に該当する生産緑地とは異なるから、財産評価基本通達40-3の(2)に該当する生産緑地を市街地農地と区別する必要はない。

⑦　Ａ土地は被相続人の死亡によりＢ土地と同じ利用制限のない農地になったこと、Ａ土地及びＢ土地は共に畑として一体利用していることから、Ａ土地及びＢ土地を別個に評価すべき理由はない。

⑧　Ａ土地を生産緑地としてＢ土地と別単位とするのであれば、Ａ土地は買取りの申出ができない生産緑地として評価すべきである。

⑨　被相続人についての「生産緑地に係る農業の主たる従事者についての証明書」は、相続税納付のための救済措置として交付されたものであり、被相続人は農作業に従事しておらず、経営にも関わっていなかったのであるから、主たる従事者に該当しない。そのため、Ａ土地は被相続人の死亡を原因として直ちに買取りの申出ができる土地になっておらず、買取りの申出ができない生産緑地として財産評価基本通達40-3の(1)により、買取りの申出ができることとなる日までの期間を27年11か月として、35％の減額をして評価すべきである。

　　この場合、Ｂ土地及びＣ土地は一体として評価すべきである。

◆原処分庁の主張

以下の理由により、各土地をそれぞれ1評価単位として評価すべきである。

①　Ａ土地は財産評価基本通達40-3に定める生産緑地であり、Ｂ土地は市街地農地である畑であるが、財産評価基本通達7-2では、農地について、市街地農地、市街地周辺農地及び生産緑地は、それぞ

れごとに「利用の単位となっている一団」を評価単位とするものと
されている。また、財産評価基本通達7のなお書で、財産評価基本
通達40-3に定める生産緑地は一団の土地ごとに評価する土地から
除かれている。よって、A土地及びB土地を一体として評価するこ
とは認められない。

② 請求人は、A土地について生産緑地に係る行為制限が解除された
ことからB土地との一体評価が可能であるとするが、A土地の行為
制限が解除されたのは、相続開始日後であり、相続税法22条に規定
する時価は相続開始日の価額であるので、財産評価基本通達1のと
おり、課税時期における財産の現況に応じて評価しなければならな
いから、請求人の主張はその前提において誤っている。

③ B土地及びC土地は、それぞれ独立して宅地としての利用が可能
な規模、形状、位置関係等にあり、必ずしも一団の土地として価格
形成がなされるとは認められないから、評価単位は地目別とすべき
である。

④ B土地及びC土地は、隣接した市街地農地及び雑種地であり、近
隣の公示地と比較しても、単独で宅地利用が可能な規模である。

⑤ B土地はその北側が公道に接面しており、セットバックによって
単独で宅地として利用することが可能である。

⑥ B土地及びC土地を併せて開発しなければ宅地化が困難な事情が
あるとは認められない。

⑦ 各土地を同時に売却するというのは請求人の主観的事情にすぎ
ず、これを一体評価すべきかどうかの基準とすることはできない。

⑧ A土地は、現に被相続人の死亡を申出事由として買取りの申出が
されたものであるから、課税時期において市町村長に対し買取りの
申出をすることができる生産緑地として評価すべきである。

第2章 第1 評価単位

審判所の判断

　以下の理由により、各土地はそれぞれ評価単位が別々であり、一団
の土地として広大地評価をすることはできないとした。

①　A土地は財産評価基本通達40−3に定める生産緑地であるから、
　財産評価基本通達7なお書の適用はなく、これをB土地及びC土地
　と一体評価することはできない。

②　請求人は、A土地及びB土地を一体として評価すべきである旨主
　張するが、相続税法22条は、相続財産の評価は、相続開始時の時価
　によると規定しており、相続財産の時価は、当該相続により財産を
　取得した日の相続財産の現況に応じてこれを判断することとなる。
　A土地を相続開始時点の現況から判断すると生産緑地である。
　　相続開始日において行為制限があったA土地と、行為制限のない
　B土地を一体で評価することはできないと解すべきである。

③　B土地及びC土地は、いずれも長方形の土地でそれぞれ単独で宅
　地開発可能な広さを有する隣接地であり、いずれも北側において幅
　員2.7mの2項道路に接しており、セットバックが必要となるもの
　の、B土地については、開発道路を設けることにより宅地開発する
　ことが可能であり、C土地については、開発道路を設けることなく
　複数の宅地に区画割が可能であるから、B土地及びC土地を一体と
　して評価することは合理的ではない。

コメント

　本事例は、生産緑地に指定されている農地と市街地農地を一体とし
て評価できるかが争点になりました。

　財産評価基本通達7のなお書は、一団として評価することのできる

土地から生産緑地を除外しているため、原処分庁及び審判所の判断は相当であると思われます。

改正後の取扱い

　本事例を改正後の地積規模の大きな宅地の評価に当てはめても、最終的な結論に大きく影響を与えるところはないですが、改正後の地積規模の大きな宅地の評価では側方路線影響加算やセットバックの減額が考慮できるという点が相違点となると考えられます。

第2　最有効使用

[3]　既に開発を了した共同住宅の敷地について、最有効使
用がマンション敷地と判断され、広大地には該当しない
とされた事例

　　　　　　　（国税不服審判所平成24年12月13日裁決、裁決事例集№89　289頁）

事　案

①　本件土地は、最寄りのa駅から直線距離約650mに位置し、同駅
周辺には多数の商業施設が存在する。

②　本件土地は、市街化区域内に所在し、準住居地域及び第一種住居
地域の用途地域にまたがっているが、過半は準住居地域に属してい
る。

③　本件土地の所在する市の開発許可面積基準は500㎡以上である。

④　本件土地は、相続開始時において、鉄筋コンクリート造陸屋根3
階建ての共同住宅の敷地としての用途に供されている。

【概　要】

地　積	1,765.87㎡	道路条件	国道に接面
容積率	200％	建ぺい率	60％

当事者の主張

◆請求人の主張

本件土地は、以下の理由から、広大地評価の規定に定める「マンション適地等」に該当しない。

① 広大地評価の規定によれば、戸建住宅とマンションが混在する地域（主に容積率が200％）については、明らかにマンション等の敷地に適していると認められる土地を除き、広大地に該当するとされているところ、本件土地の周辺には、戸建住宅もあり、本件相続の開始の前後において着手されたマンションの建築事例はないから、明らかにマンション適地等といえる土地ではない。

② マンション適地等の判断に当たっては、社会・経済情勢等も考慮すべきであり、平成20年9月のいわゆるリーマンショックの影響を考慮すると、原処分庁が主張する3件のマンション開発事例は、リーマンショック前の事例であると考えられるから、本件土地がマンション適地等に該当するか否かの判断においてしんしゃくすべきでない。

③ 本件土地に共同住宅が存するとしても、開発許可を受けて建築されたというだけでは、「既に開発を了している」とはいえない。

よって、本件土地の最有効使用は、戸建住宅の敷地の分譲素地である。そして、本件土地を戸建住宅の敷地として開発するには敷地内に道路開設が必要であり、公共公益的施設用地の負担が生じる。

したがって、本件土地は広大地に該当する。

◆原処分庁の主張

本件土地は、以下の理由から、広大地評価の規定に定める「マンション適地等」に該当する。

① 本件土地が所在する本件地域の用途地域は、準住居地域であり、

建築基準法上の容積率は200％であるから、本件土地は中高層の集合住宅等の建築に適している。また、a駅から約750mの距離に位置し、交通の便も良い。

② 本件土地の所在する本件地域には、中高層の集合住宅等が複数あり、また同地域では、平成12年から平成20年までの間、中高層の集合住宅等の建築事例が3件ある反面、開発許可を要する土地を細分化して戸建住宅用地として開発した土地はない。

③ 本件土地は、本件相続開始日において、既に開発を了した共同住宅の敷地として、本件地域の標準的な使用状況に照らし、有効に利用されている。

したがって、本件土地は広大地に該当しない。

審判所の判断

① 本件地域は、準住居地域に指定された国道d号線沿いの地域であり、敷地面積の広い中高層の集合住宅が比較的多く建ち並んでいること、本件相続開始日前10年間に本件地域で土地の開発許可を受けた建築事例（3件）が全て共同住宅の建築事例であること、本件地域とそれ以外の周辺地域とは、土地の利用状況等が異なることからすれば、本件地域が、利用状況、環境等がおおむね同一と認められる、ある特定の用途に供されることを中心としたひとまとまりの地域であると認められるから、原処分庁が主張する本件地域が「その地域」であると認められる。

② ㋐本件地域は、準住居地域（容積率200％、建ぺい率60％）であり、マンション等の建築に係る開発規制が厳しくない地域であること、㋑本件地域には、中高層の集合住宅の敷地が6箇所存在し、これらの地積が最小約1,200㎡、最大約3,500㎡で、平均すると約

2,300㎡であること、⑦本件相続開始日前10年間に本件地域で土地の開発許可を受けた建築事例（3件）の全てが共同住宅の建築事例であること、㊀本件地域は、a駅からの徒歩圏内に位置し、同駅及び同駅周辺の商業施設への接近性に優れていることを総合勘案すると、本件地域における土地の標準的使用は、中高層の集合住宅の敷地であり、その地積は1,200㎡ないし3,500㎡程度であると認められる。そうすると、本件土地（地積1,765.87㎡）は、広大地評価の規定において広大地から除かれるマンション適地等に該当する。

　　したがって、本件土地は、広大地には該当しない。

③　請求人は、マンション適地等に該当するか否かは、明らかにマンション適地等であると認められるか否かにより判断すべきであり、その判断に当たっては、社会・経済情勢等も考慮すべきである旨主張するが、本件地域においては、むしろ本件相続開始日前10年間に戸建住宅の建築に係る土地の開発許可を受けた事例がなく、戸建住宅の分譲用敷地の開発行為が主に行われているとは認められないこと、また、本件相続開始日において、本件共同住宅は、耐用年数47年のうちの築年数8年の状態である上、貸室の稼働率が90％を超えており、本件地域には、いわゆるリーマンショック後も依然として賃貸マンション需要があると認められることからすれば、請求人が主張する事情等を考慮しても、本件土地がマンション適地等に該当することは明らかである。

コメント

　本事例では、請求人及び原処分庁は双方共に、本件土地の標準的使用及び最有効使用を争点（請求人は戸建住宅の敷地の分譲素地であると主張し、原処分庁はマンション適地等であると主張）としていま

す。審判所の判断は原処分庁と同じで、本事例における審判所の検討
事項は以下の2点です。

① 「その地域」について

② 本件地域における標準的使用及びマンション適地等の判定につい
  て

　本件土地が属する「その地域」の考え方や「その地域」における宅
地の「標準的使用」、「最有効使用」の判断について、「不動産鑑定士
の視点」により検討してみることとします。

不動産鑑定士の視点

◇広大地判定上の「マンション適地」

　本事例は、準住居地域に指定された国道沿いの地域であり、敷
地面積の広い中高層の集合住宅が比較的多く建ち並んでいる地域
です。

　評価対象地のように、土地所有者が既に土地を所有しているた
め建物の建設費のみにより投資採算が成り立つ利用方法と、当該
土地の売買を前提とした地価を形成する標準的使用とを混同して
はならないことに注意が必要です。賃貸共同住宅を建設して賃貸
経営を行おうとする投資家や、不動産賃貸事業を行う不動産会社
が需要者となるのは、都心の駅前や高度利用が可能な地域等、賃
貸需要が非常に旺盛で、新規に土地を取得して賃貸物件を建設し
ても採算が成り立つ程の高い賃料収入が見込める地域に存する土
地に限られます。そのような場合を除き、土地所有者が土地活用
の一環として、賃貸マンションを建設するのに適した土地であっ
たとしても、それは広大地判定の上での「マンション適地」とは
いえません。

◇「不合理な又は個人的な事情による使用方法」

　前述した土地所有者による土地活用の一環としての賃貸共同住宅経営は、土地の購入費用を考慮する必要がなく、建物の建築費のみを考慮したもの、換言すれば、土地を購入し、その上で建物を建築することを前提とした使用方法ではないため、不動産鑑定評価基準でいうところの「不合理な又は個人的な事情による使用方法」に該当し、土地の市場価値を前提とした最有効使用とはいえません。

◇本事例における最有効使用

　これを本事例に当てはめた場合、「評価対象地に対して最も高い価格を提示できるのは、賃貸共同住宅を建築して賃貸経営を行おうとする不動産投資家ではなく、評価対象地上に一般住宅又はマンションを建築して分譲することを目的とする宅地開発業者等である」といえます。

　事案の内容から、①立地条件、②画地条件、③行政的条件から検討すると、以下のようになります。

①　立地条件：本件相続開始日前10年間に本件地域で土地の開発許可を受けた建築事例（3件）の全てが共同住宅の建築事例で戸建住宅の建築に係る土地の開発許可を受けた事例はない。また、a駅から直線距離で650mの位置に所在している。

②　画地条件：評価対象地の地積合計は1,765.87㎡で、現に評価対象地上に鉄筋コンクリート造3階建ての共同住宅の敷地としての用途に供されている（相続開始日において築8年）。

③　行政的条件：過半が準住居地域に属している。

　以上のことから、地域における市場の需給動向にもよりますが、分譲マンション用地としての条件も満たしていると考えられ

ますから、本件土地の最有効使用は分譲マンション用地と考えられます。

　納税者側が本件土地の最有効使用が戸建分譲用地であると主張するならば、幹線道路沿いに、戸建分譲地の開発許可を受けた事例がマンション事例よりもどれだけ多くあるかを調査することがポイントになります。

改正後の取扱い

　改正後は、マンション適地等の除外要件はなくなるため、マンション適地等であっても地積規模の大きな宅地の評価は適用可能であり、また、敷地上にどのような建物が建っていても適用可能となるため、本事例においては地積規模の大きな宅地の評価の適用が可能なものと思われます。

第2章 第2 最有効使用　　　　　　　　　　　69

［4］ 現況が店舗及び店舗附属の駐車場の敷地について、最有効使用が大規模商業施設用地及びその附属駐車場用地と判断され、広大地には該当しないとされた事例

（国税不服審判所平成26年6月24日裁決、関裁（諸）平25-54〔非公開裁決〕）

事　案

【概　要】

地　　積	8,204.19㎡
道路条件	北東部分で国道（片側2車線）に、南東部分で道路に接面
用途地域	国道との境界から約50mまでの範囲（3,141.23㎡）：準住居地域、国道との境界から50mを超える範囲（5,062.96㎡）：第一種低層住居専用地域

| 利用状況 | 相続開始時において、国道沿いの鉄骨造2階建て店舗（1階床面積3,362.59㎡、2階床面積3,321.00㎡）の敷地及びその附属駐車場の敷地としての用途に供されている。 |

当事者の主張

◆請求人の主張

① 最有効使用とは、当該宅地が最も高い価格となる利用方法を指し、当該宅地の属する地域の標準的な用途に使用することが必ずしも最有効使用となるわけではない。この点、本件土地の属する「その地域」の標準的な用途は大規模店舗等の敷地であるが、本件土地について、収益還元法（大規模店舗等の敷地）による試算価格と開発法（戸建住宅分譲用地）による試算価格を比較すると、本件土地の試算価格は、戸建住宅分譲用地とする方が大規模店舗等の敷地とするよりも高くなるため、本件土地の最有効使用は戸建住宅分譲用地である。

② 本件土地の過半が第一種低層住居専用地域に属しており、本件土地周辺では評価対象地ほどの規模を持つ土地は戸建住宅開発用地となることが多く、現在の利用方法では、本件土地の建ぺい率及び容積率を十分に活用できていないことからしても、本件土地の最有効使用が戸建住宅分譲用地であることが裏付けられる。そして、本件土地を戸建住宅分譲用地として利用するには、道路を敷設する必要があるから、本件土地は、公共公益的な施設用地の負担が必要な都市計画法に規定する開発行為を行わなければならない土地に当たり、広大地に該当する。

第2章 第2 最有効使用 71

◆原処分庁の主張

　本件土地の属する「その地域」はいわゆる郊外路線商業地域であり、本件土地も、現状の大規模な地積を生かした大規模店舗等として一体利用するのが合理的である。したがって、本件土地の最有効使用は大規模店舗等の敷地となる。そして、本件土地を大規模店舗等の敷地として一体利用する以上、本件土地について都市計画法に規定する開発行為は不要であるため、広大地には該当しない。

審判所の判断

① 　国道沿いの本件地域は、大規模商業施設及び附属駐車場等が連たんする地域であり、本件土地の近隣A土地及び近隣B土地は、いずれも本件相続開始日から2年以内に、同一敷地内に広大な駐車場を併設した商業施設用地となっていることからしても、本件地域は主として大規模商業施設用地及びその附属駐車場として特定の用途に供されているひとまとまりの地域であると認められることから、本件地域を「その地域」の範囲とするのが相当である。

② 　本件地域における宅地の地積の平均は2,122.35㎡であるが、100㎡～1万㎡と広範囲にわたりつつも、その半数以上が1,000㎡を超えていることからすると、本件地域における標準的な宅地である大規模商業施設用地及びその附属駐車場の敷地の地積は1,000㎡～4,000㎡程度までの規模であると認めるのが相当である。そうすると、本件土地の地積は8,204.19㎡であり、上記標準的な宅地の地積に比して著しく広大であると認められる。

③ 　㋐本件地域では国道沿いに商業施設が建ち並び、その後方に附属の駐車場を併設する形態の土地利用方法が多く見られること、㋑国道沿いにおいて大規模な戸建住宅の分譲開発が行われた事実

が認められないこと、また、㋬許された建ぺい率及び容積率の上限を使って土地を利用することが、常に当該土地の利用方法として最も経済的に合理的であるとはいえないことからすると、本件土地の最有効使用は、大規模商業施設及びその附属駐車場としての利用が経済的に最も合理的であると認めるのが相当である。そうすると、開発行為は不要であるから、当然公共公益的施設用地の負担も必要ない。

したがって、広大地に該当するとは認められない。

コメント

本事例は、主に最有効使用を争点（請求人は戸建住宅分譲用地であると主張し、原処分庁は大規模店舗等の敷地であると主張）としています。

本事例における審判所の検討事項は以下の2点です。

① 本件土地の地積が本件土地の属する地域（その地域）における標準的な宅地の地積に比して著しく広大であるか否か

② 本件土地を経済的に最も合理的な特定の用途に供するために開発行為を行うとした場合、公共公益的施設用地の負担が必要であるか否か

不動産鑑定士の視点

◇本事例における「その地域」

本件土地は、国道沿いの大規模商業施設及び附属駐車場等が連たんする地域に所在し、両隣の土地いずれもが、相続開始日から2年以内に、同一敷地内に広大な駐車場を併設した商業施設用地

第2章 第2 最有効使用 73

となっていることからしても、本事例における「その地域」は主として大規模商業施設用地及びその附属駐車場として特定の用途に供されているひとまとまりの地域であると考えられます。

◇最有効使用の判定

　請求人は鑑定評価の手法である収益還元法（大規模店舗等の敷地）による試算価格と開発法（戸建住宅分譲用地）による試算価格についても比較していますが、許容建ぺい率及び許容容積率の上限を使って土地を利用することが、常に当該土地の利用方法として最も経済的に合理的であるとはいえず、その不動産の規模、位置、環境等を考慮するとともに、その市場における需給動向をも洞察した上で最有効使用を判定することが重要となります。本事例の内容からは、本件評価対象地の最有効使用は標準的使用と同様に大規模商業施設及びその附属駐車場の敷地と考えられますので、請求人の主張には無理があるものと思われます。したがって、審判所の判断は、妥当であると考えられます。

改正後の取扱い

　改正後は、敷地上にどのような建物が建っていても地積規模の大きな宅地の評価は適用可能となるため、適用すべき地域等の要件を満たせば、本事例においては地積規模の大きな宅地の評価の適用が可能なものと思われます。

第3　マンション適地の判定基準

[5]　相続開始後に売却され、マンションが建築された約1,400㎡の敷地について、周辺の状況からもマンション適地と認められ、広大地評価の適用が否認された事例
（国税不服審判所平成17年9月16日裁決、東裁（諸）平17-42〔非公開裁決〕）

【事　案】

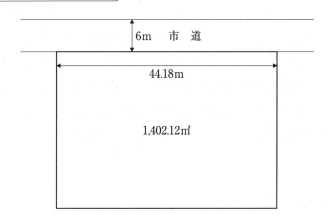

【概　要】

間　口	44.18m	奥　行	約31.7m
地　積	1,402.12㎡	地　形	長方形
道路条件	北側で幅員6mの市道に接面		
用途地域	第一種中高層住居専用地域		

駅　距　離	約750m	容　積　率	200％
建ぺい率	60％		

当事者の主張

◆請求人の主張

① 本件土地が所在する地域には、一戸建ての住宅が数多く見受けられる。

② 相続開始後に、本件土地を取得した譲受人がマンションを建築したからといって、相続開始後の後発的な事象を相続開始の時点に遡及して評価要素として反映させ、公共公益的施設用地の負担が必要ないとの判断をすべきではない。

③ 本件土地が所在する地域に隣接する地価公示地として、一戸建て住宅地が選定されている。

④ 本件土地が所在する地域の別件A土地（636.32㎡）については、相続開始後に、同土地を取得した譲受人が戸建分譲をしている。

◆原処分庁の主張

① 本件土地の前面道路の幅員は、5m以上であり、指定容積率200％が適用できる。

② 本件土地が所在する地域において、昭和51年以降における1,000㎡を超える土地に係る開発行為の許可を受けるための申請は、いずれもマンションの建築のためのものである。

③ 本件土地が所在する地域において、昭和51年以降における1,000㎡を超える土地に係る建築確認申請は、いずれもマンションの建築のためのものである。

④ 本件土地が所在する近隣地域において、平成10年から平成14年までの期間の売買取引事例は5件あり、いずれも売買の後、マンションが建築されている。

⑤ 相続開始後に、本件土地を取得した譲受人がマンションを建築している。

⑥ 地価公示地に一戸建て住宅地が選定されていたとしても、必ずしも一戸建て住宅地の建築に限られるものではない。

審判所の判断

下記①〜⑤の理由等から、本件土地が所在する地域において、地積が1,000㎡を超える土地は、マンション適地に該当し、広大地評価の適用は認められないと判断した。

① 本件土地が所在する地域は、交通接近性に優れ、道路付けが良い閑静な住宅地で、本件土地と同程度の画地規模の築浅及び建築中のマンション敷地が多数ある。

② 本件土地が所在する近隣地域において、平成10年から平成14年までの期間の売買取引事例は、いずれも売買の後、マンションが建築されている。

③ 相続開始後に、本件土地を取得した譲受人がマンションを建築している。

④ 本件土地が所在する地域において、昭和51年以降における1,000㎡を超える土地に係る開発行為の許可を受けるための申請は、いずれもマンションの建築のためのものである。

⑤ 本件土地が所在する地域において、昭和51年から平成15年までにおける1,000㎡を超える土地に係る建築確認申請は、ほとんどがマンションの建築のためのものである。

コメント

　本事例は、周辺の利用状況から、典型的なマンション適地に該当します。

　広大地として申告するに当たっては、周辺の状況を確認することはもちろん、近年の売買状況等を調べて申告しましょう。

不動産鑑定士の視点

◇売却後の利用方法の確認

　相続開始後に売却され、マンションが建築された場合、相続開始時点と売却時点の市況に大きな変化がない場合や売却の状況が特別なものでない場合（売り急ぎや隣接地と一体での売却等）は、マンション適地に該当するケースがほとんどです。

　ただし、評価単位と実際にマンションが建築された敷地の範囲が違う場合、広大地評価の適用が認められるケースもありますので注意が必要です。実際に、相続開始後に譲受人が戸建分譲した別件A土地（636.32㎡）については、広大地評価の適用が認められています。

　相続開始後は、納税資金の確保等で土地を売却するケースもあると思われます。広大地として申告するためには、売却後の利用方法の確認を行うことが大切です。

改正後の取扱い

　本事例の土地は、指定容積率200％の地域に存するため、仮に、相続開始後に売却され、マンションが建築された場合でも、改正後は地積規模の大きな宅地に該当します。

［6］ 容積率80％・高さの最高限度10ｍの地域に、4階建ての共同住宅が2棟建つ貸宅地について、現在の建物は既存不適格である等の理由により、広大地評価の適用が是認された事例

（国税不服審判所平成21年4月6日裁決、東裁（諸）平20－151〔非公開裁決〕）

事　案

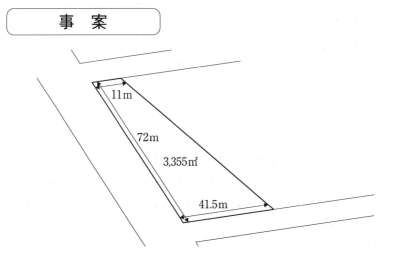

【概　要】

地　　積	3,355㎡	駅 距 離	約800ｍ
道路条件	北西側道路に約11ｍ、南西側道路に約72ｍ、南東側道路に約41.5ｍ接面する三方路		
用途地域	第一種低層住居専用地域		
容 積 率	80％	建ぺい率	50％

利用状況	貸宅地

当事者の主張

◆請求人の主張

　昭和45年に4階建ての中高層建築物が建設され現在に至っているが、その後、都市計画法の規制の変更により、4階建て以上の建物の建築は不可とされており、低層住居の利用に適した宅地となっている。したがって、開発行為をする場合、公共公益的施設用地負担が発生するため、広大地の評価をするのが妥当である。

◆原処分庁の主張

　2,000㎡を超える宅地の標準的使用から本件土地の最有効使用は4階建て程度の集合住宅用地である。

審判所の判断

　下記①～④の理由等から、本件土地は、マンション適地等に該当せず、広大地評価の適用が認められると判断した。

① 　本件土地は、第一種低層住居専用地域に存し、建ぺい率が50％、容積率が80％であって、建築物の高さ制限は都市計画において第一種高度地区に指定されていることから10m以下である。

② 　本件土地付近の土地の利用状況は、一部に3階建て程度の集合住宅が存するものの、大部分は戸建住宅の用に供されている。

③ 　本件相続開始日前5年程度の本件土地の近隣での宅地開発状況は、戸建住宅となっているものが多く、その中には地積2,000㎡以上の土地が含まれている。

④ 本件土地上には鉄筋コンクリート造陸屋根4階建ての共同住宅が存在しているが、当該建物は建築後既に35年を経過しており、本件相続開始日においては、当該建物建築後の都市計画の変更により、同じ4階建ての建築物の建築はできない。

> ## コメント

本事例は、広大地評価の適用が是認されている事例です。

原処分庁の主張には無理があると思われます。

本事例のポイントは、4階建ての共同住宅の敷地が「現に宅地として有効利用されている敷地」に該当するか否かです。

不動産鑑定士の視点

◇「現に宅地として有効利用されているか否か」の判断

「現に宅地として有効利用されているか否か」の判断は、単に土地上に建物が建築されているか否かではなく、また当該建物の残存耐用年数が相当期間残っているかではなく、当該土地に「その地域」の標準的使用の建物が建っているか否かで判断する旨、広大地評価の規定に記載されています。したがって、現況の4階建て共同住宅が標準的使用に該当しない場合には、広大地評価の適用が可能となります。

◇本事例における土地の標準的使用

本件土地の所在する「その地域」は第一種低層住居専用地域で、容積率80％地域ですので、標準的使用は戸建住宅の敷地と考えられます。そうすると、標準的画地規模は100㎡から150㎡程度

と思われます。また、請求人及び審判所が指摘しているとおり、現況の4階建て共同住宅は、相続開始時点においては建築できないので当該土地の標準的使用及び最有効使用に該当することはありません。標準的使用の判断に当たっては、当然に相続開始時点の建築基準法等の法令に遵守した建物を前提に考えます。したがって、原処分庁の主張する2,000㎡を超える宅地の標準的使用との主張にはかなり無理があります。本件土地の地形、規模等から判断して、本件土地は広大地に該当するものと考えられます。

改正後の取扱い

本事例の土地は、指定容積率80％の地域に存するため、審判所の判断のとおり、改正後においても地積規模の大きな宅地に該当します。

[7] 月極駐車場として利用されている敷地について、区画整理により容積率300％に変更される等、商業・業務機能を強化する地域であり、周辺の状況もマンションや店舗が多く建築されている等の理由により、広大地評価の適用が否認された事例

（国税不服審判所平成21年12月15日裁決、裁決事例集№78　432頁）

【事　案】

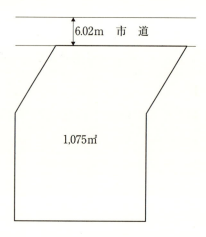

【概　要】

間　口	35.5m	奥　行	34m
地　積	1,075㎡	地　形	矩形
道路条件	北側で幅員6.02mの市道に接面		

用途地域	近隣商業地域	容 積 率	300%
建ぺい率	80%	利用状況	月極駐車場

当事者の主張

◆請求人の主張

① 本件地域には、中高層の建物の敷地として使用されている土地は数えるほどしかなく、戸建住宅、2階建てアパート及び2階建て店舗兼住宅が駐車場や空き地の中に散在している。

② 本件相続開始前後3年間の期間において本件土地の周辺近隣商業地域に建築されているマンションは、本件土地と比べ地積が小さく、全て開発許可面積（1,000㎡）未満のものである。

③ 本件土地の周辺近隣商業地域に建築されたマンション2棟は、本件相続開始後に建築されたものであり、本件相続開始前に建築されたマンションは本件地域に建設されたマンション1棟のみである。

④ 本件土地に接する市道を挟んで正面に位置する土地（386.56㎡）には、中高層の集合住宅ではなく、2階建てのアパート（平成18年新築）が建築されており、本件土地と立地条件を同じくする土地の利用状況が最も参考になる。

⑤ 本件土地に接する市道は、県道S2号線からT社への引込み線で長さは約50mである。この市道は、T社及び道路沿いの住人関係者のみが使用する私道的意味合いが強く、人通りも少ないことから、本件土地は、「商業施設」の用地には適さない。

◆原処分庁の主張

① 本件地域の用途地域は、規模に制限のない店舗等を許容する近隣

商業地域であり、容積率は300％である。

② 本件地域には、一部に戸建住宅はあるものの、T社の社屋、ホテル、アパート、マンション、店舗併用集合住宅などの中高層の集合住宅及び事務所が混在している。

③ 本件相続開始前後3年間の期間において、本件地域には、平成16年にマンションが1棟（3階建て、地積237.98㎡）建築されており、また、本件土地の周辺近隣商業地域には、平成18年に1棟（7階建て、地積189㎡）及び平成19年に1棟（8階建て、地積502.47㎡）のマンションがそれぞれ建築されている。

④ 本件土地は、幅員6.02mの市道に接している四角形の土地であり、マンション等を建築するに際して行政上の規制等の阻害要因などの個別的要因は見当たらない。

審判所の判断

下記①～⑤の理由等から、本件土地は、マンション適地等に該当し、広大地評価の適用は認められないと判断した。

① 本件地域は、商業・業務機能を強化し、周辺地域の発展の一翼を担うため、区画整理事業により、用途地域が住居地域から近隣商業地域に、容積率が200％から300％に変更されており、中高層の集合住宅等を建築することが可能な地域である。

② 用途地域が変更されて以来、本件地域では開発許可申請がなされておらず、本件相続の開始日以前10年間において、戸建住宅よりむしろ中高層の集合住宅及び中高層の店舗・事務所兼集合住宅等が多く建築されている地域である。

③ 本件土地は、接面道路の幅員、間口等から中高層の建物を建築することについて特段の支障を来たす状況は見受けられない。

第2章　第3　マンション適地の判定基準　　　85

④　請求人は、◆請求人の主張⑤のとおり主張するが、商業施設以外
の中高層の集合住宅ないし事務所兼集合住宅等の敷地の用に供する
ことができるのであるから、請求人の主張には理由がない。

⑤　請求人は、◆請求人の主張④のとおり主張するが、当該アパート
の建築については、地域的に住宅賃貸の需要があることを前提に、
当該土地を利用するに当たり、個別事情をも勘案して建築されたも
のと推認されるが、本件土地がマンション適地等に該当することに
ついては、最有効使用が中高層の集合住宅及び中高層の店舗・事務
所兼集合住宅等の敷地の用に供することであると認めるのが相当で
あるから、請求人の主張には理由がない。

コメント

　本事例は請求人も周辺近隣商業地域の開発事例を参考に主張してい
るものの、戸建分譲事例が一つもありません。

　広大地として申告するに当たっては、戸建分譲事例をいくつか見つ
けた上で行いましょう。

不動産鑑定士の視点

◇本件土地はマンション適地となるか

　請求人は本件相続開始前後3年間の期間において建築されてい
るマンションは、本件土地と比べて地積が小さく、全て1,000㎡
未満のものであると主張していますが、通常、分譲マンション用
地としては地積が大きいほど延べ床面積が確保できるので、より
マンション用地向きとなります。

　また、容積率の観点からは、一般に容積率が300％以上あると

分譲マンション用地となる傾向があります。そうすると、本件土地の周辺地域において容積率が300％以上でかつ1,000㎡未満の土地がマンション用地となっていることから、本件土地はマンション適地になると考えられます。また店舗等も見られることから店舗適地や事務所適地の可能性も考えられます。以上より請求人の主張には無理があり、妥当な裁決であると思われます。

改正後の取扱い

本事例の土地は、指定容積率300％の地域に存するため、改正後は、東京都の特別区以外の地域であれば、地積規模の大きな宅地に該当します。

第4　「開発を了している」の判定基準

[8]　自治会で利用している敷地について、「開発を了しているとはいい難い」とされ、広大地と認められた事例

(国税不服審判所平成18年5月8日裁決、裁決事例集№71　533頁)

> 事　案

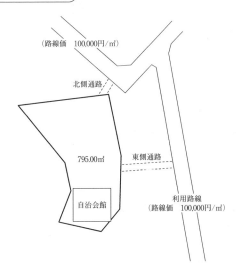

【概　要】

間　口	想定整形地の間口距離は41.3m			
奥　行	想定整形地の奥行距離は42.2m			
地　積	795.00㎡	地　形	不整形

道路条件	無道路地であり、評価対象地の北側と東側で道路に通じる二つの通路がある。北側は道路の地盤面より1.9m低く、東側は1.2m低い。
利用状況	半分以上は空閑地

当事者の主張

◆請求人の主張

① 評価対象地にはP市M自治会所有の建物が建っているにすぎず、マンションの敷地のように「開発を了している」とはいい難いため、原処分庁の主張は認められない。

② 評価対象地の周辺には建売業者によって開発された街区があり、その地域における平均的な地積は165㎡程度であるため、「著しく地積が広大である」ものと判断することができる。

◆原処分庁の主張

① 評価対象地はP市M自治会の建物及びその敷地として使用されており、「既に開発を了している」土地であると認められる。

② 評価対象地の隣接地と比較しても、「著しく広大な面積」とは認められず、請求人の主張は認められない。

審判所の判断

評価対象地は、以下の理由から「開発を了している」とはいえず、標準的な宅地と比較しても「著しく地積が大きい」ため、広大地に該当するものと判断した。

① 評価対象地はＰ市Ｍ自治会の集会所及びその敷地として利用されているものの、「その地域」の土地の標準的な使用は戸建住宅地と認められる。また、評価対象地の半分以上が空閑地となっていることからすれば、標準的な使用に供されているとはいえず、「開発を了しているとはいい難い」と解される。

② 評価対象地の存する「その地域」内の標準的な宅地の地積は、151.00㎡であると認められるところ、評価対象地はその5倍程度の地積を有し、また、戸建住宅とする場合には都市計画法4条14号に規定する道路の負担が必要と認められる。

> ### コメント

本事例における審判所の判断のポイントは、以下の2点であると考えられます。

① 評価対象地が、「開発を了している」といえるかどうかは、評価対象地が「その地域」の土地の標準的な使用に供されているといえるかどうかで判定する。

② 「著しく地積が広大」とは、「その地域」の標準的な宅地の地積を基に判定する。

本事例について、審判所は上記2点とも請求人側の主張を認め、広大地であると判断しました。

また、当事者双方とも、無道路地である評価対象地の利用路線を、「実際に利用している路線」である東側の私道で評価しましたが、審判所は、利用路線が二つある場合は、「開設する通路に相当する部分の価額の少ない方の路線」（北側の道路）が利用路線であると判断しました。

不動産鑑定士の視点

◇「開発を了している」の判定

　原処分庁は「開発を了している」の捉え方に関して、相続開始時点で単純に建物の敷地として利用している土地と主張していますが、広大地評価上の「開発を了している」については、現況の建物がその地域の標準的な使用に供されているかどうかで判断すべきです。

　これを本事例に当てはめると、自治会の建物はその地域の土地の価格水準を形成する一般的な使用方法とは明らかに認められないので、標準的使用には該当しないものと考えられます。

　一方で、審判所は本事例における標準的使用を150㎡程度の戸建住宅の敷地と判定しており、審判所の判断は妥当なものであると考えられます。

改正後の取扱い

　改正後は、開発を了しているか否かは問わず、敷地上にどのような建物が建っていても、立地・面積基準を満たせば一律、地積規模の大きな宅地の評価の適用が可能となります。

第2章　第4　「開発を了している」の判定基準　　91

[9] 共同住宅の敷地として利用されている評価対象地は、その周辺地域の標準的な利用状況に照らしても有効利用されていると認められることから、広大地には該当しないとされた事例

(国税不服審判所平成23年9月5日裁決、裁決事例集No.84　314頁)

> 事　案

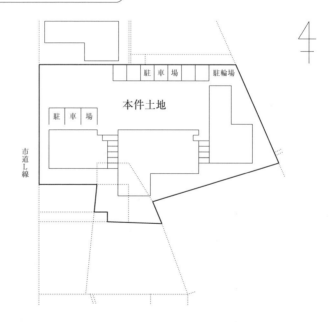

【概　要】

地　積	948.67㎡
道路条件	西側で幅員6.1mの道路（市道L線）に接面

92　　第2章　第4　「開発を了している」の判定基準

用途地域	第一種低層住居専用地域		
駅 距 離	最寄駅から徒歩約12分、隣駅から徒歩約14分		
容 積 率	150％	建ぺい率	60％
利用状況	本件土地上に、請求人が、共同住宅（鉄筋コンクリート造3階建ての賃貸マンション）を建築し、相続開始時点において、建物の敷地及び建物入居者専用の駐車場の用途に供していた。		

当事者の主張

◆請求人の主張

① 　路線価方式による土地の評価は、土地と建物を別個に評価し、土地上に建物が建っている場合の建付減価などは考慮せず、更地として評価することを前提としている。

② 　公共公益的施設用地の負担の要否は、現状で当該負担を生じるか否かではなく、開発行為を行うとした場合に潰れ地が生じるか否かで判断すべきである。

③ 　上記①・②より、現状が賃貸マンションの敷地の用に供されていることのみをもって、広大地評価の規定の適用を排除すべきではない。

◆原処分庁の主張

① 　既に開発行為を了しているマンション等の敷地用地については、新たに公共公益的施設用地の負担が生じることはないため、標準的な地積に比して著しく広大であっても、広大地には該当しない。

② 　上記①の「マンション等」とは、中高層の集合住宅等であり、国土交通省における統計資料等において3階建て以上の鉄筋コンクリ

ート、鉄骨鉄筋コンクリート又は鉄骨造の住宅とされ、集合住宅には、分譲マンション及び賃貸マンションも含むものと解される。

③　上記①・②より、本件土地は、既に開発を了しているマンション等の敷地用地に該当し、新たに公共公益的施設用地の負担が生じることはないため、その地域における標準的な宅地の地積に比して著しく地積が広大な宅地か否かを検討するまでもなく、広大地に該当しない。

審判所の判断

以下の理由から、既に開発行為を了した共同住宅の敷地として有効に利用されていると認められるので、公共公益的施設用地の負担の要否について検討するまでもなく、広大地に該当しないものと判断した。

①　本件土地上の建物は高い入居率を実現しており、また、外観上、著しく老朽化又は損傷しているといった事実は認められず、今後も相当の期間利用することができるものと見込まれること。

②　本件土地の属する「その地域」の土地の利用状況より、その地域の標準的使用は、戸建住宅と共同住宅であると認められ、本件土地は、周辺地域の標準的な利用状況に照らしても、共同住宅用地として有効に利用されているということができること。

コメント

本事例は、広大地評価の規定における「広大地に該当しない条件の例示」の「既に開発を了しているマンション・ビル等の敷地用地」、「現に宅地として有効利用されている建築物等の敷地」に該当するか

否かが争点となっています。

　さらに「現に宅地として有効利用されている建築物等の敷地」に該当するか否かの判断基準として、その建築物等が「その地域」の標準的使用に該当する建物であると認められる場合には、「現に宅地として有効利用されている建築物等の敷地」に該当すると示されています。

　例えば、幹線道路沿いに存する店舗について、その店舗が「その地域」の標準的使用に該当すると認められる場合には、その店舗の敷地は「現に宅地として有効利用されている建築物等の敷地」に該当し、逆に、住宅地域内に存する店舗については、「その地域」の標準的使用が一般住宅であると判断された場合には、その店舗の敷地は「現に宅地として有効利用されている建築物等の敷地」には該当はしないとされています。

不動産鑑定士の視点

◇土地の価格はどのようにして決定されるか

　通常、土地の価格は、その土地が存する地域の標準的な使用を前提とした価格を基に決定されます。したがって、住宅地域内に店舗が建築されている場合、その土地の価格は、一般住宅としての使用を前提に価格が決定されることとなります。広大地評価の規定では、住宅地域内の店舗の敷地は、現況の店舗の使用を前提とした価格決定がされないので、「現に宅地として有効利用されていない」とされます。

◇3階建ての賃貸マンションは標準的使用に該当するか

　郊外の住宅地域で、特に、容積率が150％から200％の地域にお

第2章 第4 「開発を了している」の判定基準 95

いては、一般住宅や共同住宅の敷地が混在する地域が見受けられます。2階建て又は3階建ての共同住宅は、旧来から土地を所有している土地所有者が相続税対策等の目的で土地の有効活用として建築している場合が多くあります。土地を元々所有しており、建物の建築費のみで投資採算が合う土地所有者に対し、一部の地域を除き、土地から購入して、さらに共同住宅を建築した場合は、投資採算が合わないのが通常です。

　その理由は、その地域の土地の価格が個人のマイホームの建築を前提に形成されており、通常より高い賃料が見込める地域でない限り、共同住宅の賃貸経営を前提とした価格は、一般住宅を前提にした価格より低くなるためです。前述のとおり、土地の価格は、当該土地を売りに出した場合、その地域において最も高い土地の利用（標準的使用）を前提に決定されます。

　よって、共同住宅としての敷地の利用は、土地所有者の土地活用としての利用であり、土地の売買市場を前提とした土地の使用ではないため、標準的使用には該当しない場合が多くなります。

　つまり、郊外における一般住宅や共同住宅の混在する住宅地域においては、『一般住宅の敷地としての利用』が標準的使用に該当することとなります。さらに、一般住宅の敷地の価格は、個人の年収を前提に決定されるのに対し、共同住宅の敷地の価格は、その地域の住宅の賃貸需要を前提に投資採算性の観点から決定されるので、両方の価格が一致することはあり得ません。

　本事例に当てはめてみると、審判所の認定ではその地域の土地の外形的な使用方法が戸建住宅用地66.96％、共同住宅用地33.04％となっています。戸建住宅はいうまでもなく土地所有者の有効活用としての利用ではなく、各所有者が建売りか又は土地を購入し住宅を建築したものであり、土地の売買を前提とした土

地の利用方法です。

　これらを考慮すると、戸建住宅用地としての使用が標準的使用となり、共同住宅の敷地は標準的使用に該当しないものと考えられます。

　標準的使用の考え方や広大地評価の規定の判断基準は不動産鑑定評価基準がベースとなっているのですが、実際に運用する現場の税理士、税務職員の知識不足や認識不足が多く見受けられます。

　本事例も、納税者側が、共同住宅の敷地が標準的使用に該当しない旨を丁寧に説明すべきだったものと思われます。

改正後の取扱い

　改正後は、現に宅地として有効利用されているか否かの要件、開発道路の必要条件はいずれもなくなるため、地積規模の大きな宅地の評価の適用が可能なものと思われます。

第5　「その地域」の範囲

[10]　「準住居地域」と「第一種低層住居専用地域」にまたがる宅地について、宅地の大部分が属する「準住居地域」が「その地域」であり、標準的使用は共同住宅・店舗敷地なので広大地には該当しないとされた事例
（国税不服審判所平成23年2月17日裁決、札裁（諸）平22-14〔非公開裁決〕）

事　案

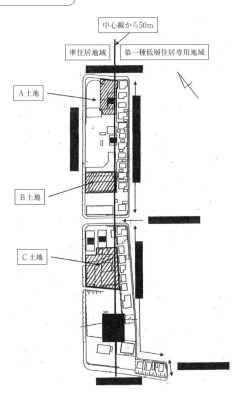

【概　要】

＜A土地＞

間　　口	約24m	奥　　行	約44m
地　　積	987.74㎡	地　　形	整形
道路条件	北東側で幅員15mの道路に接面		
現況地目	宅地		
利用状況	貸事務所兼工場の敷地		

＜B土地＞

間　　口	約28m	奥　　行	約43m
地　　積	1,216.73㎡	地　　形	整形
道路条件	北西側で幅員20mの道路に接面		
現況地目	宅地		
利用状況	4階建て共同住宅、入居者駐車場の敷地		

＜C土地＞

間　　口	約33m	奥　　行	約47m
地　　積	1,823.95㎡	地　　形	不整形
道路条件	北西側で幅員20mの道路に接面		
現況地目	宅地		
利用状況	被相続人の自宅、賃貸用コンテナの敷地		

＜A土地～C土地共通＞

用途地域	大部分：準住居地域、一部：第一種低層住居専用地域

容 積 率	準住居地域：200％、第一種低層住居専用地域：80％
建ぺい率	準住居地域：60％、第一種低層住居専用地域：40％
開発許可 制　　度	開発区域面積1,000㎡以上で開発行為

当事者の主張

◆請求人の主張

①　「その地域」は、第一種低層住居専用地域、準住居地域を含む地域になり、本件各土地が所在する地域の発展過程から、戸建住宅が建ち並ぶ地域に移行し、本件各土地も売却すると戸建住宅の敷地になる可能性が非常に高い地域である。

②　標準的な宅地の使用は戸建住宅の敷地であり、その中に所在する公示地の地積が標準的な宅地の使用における地積となる。

③　上記①・②により本件各土地は公共公益的施設用地の負担も必要になり、広大地に該当する。

◆原処分庁の主張

①　「その地域」は、共同住宅、事務所及び店舗の敷地の用に供されることを中心としたひとまとまりの地域であり、中心線から50mまでの一団の地域である。

②　標準的な宅地の使用は店舗又は共同住宅の敷地であり、平成18年以降の開発事例6件の平均地積は962.6㎡である。

③　上記②よりA土地、B土地については標準的な宅地の使用における地積に比し著しく地積が広大な宅地とは認められない。

④　C土地については間口、形状がよいため半分に区画割が可能であ

る。そのため公共公益的施設用地の負担が生じず、広大地に該当しない。

審判所の判断

以下の理由から、本件各土地は標準的な宅地の地積に比較して著しく広大であるとは認められず、広大地には該当しないものと判断した。

① 請求人の主張する「その地域」は、用途地域が第一種低層住居専用地域、準住居地域に指定されており、共同住宅又は店舗等が多い地区、戸建住宅の多い地区等が存在している。本事例の場合、中心線から50mまでが準住居地域で、それ以外は第一種低層住居専用地域に指定されており、これを境に利用状況、環境等は変化していることから、「その地域」は中心線から50mで分けるべきである。本事例においては、「その地域」は中心線から50mまでの準住居地域に該当し、幹線道路の沿道サービス的な施設や周辺住宅地の利便を目的とした施設用地に供されることを中心としたひとまとまりの地域である。

② 「標準的な宅地の使用方法」は、共同住宅又は幹線道路沿線型の店舗等の敷地としての使用であり、そのような使用方法が最有効使用の方法である。

③ 相続開始日の「その地域」における標準的な宅地は32件であり、その平均地積は975.74㎡であるため、「その地域」における「標準的な宅地の地積」は975.74㎡である。

④ 上記①〜③により、本件各土地は、標準的な宅地の地積に比較して著しく広大であるとは認められない。

仮にC土地について、標準的な宅地の地積に比較して著しく広大

第2章　第5　「その地域」の範囲　　101

と認められるとしても、2区画の土地に分割するとその利便性を失することなく区画割することが可能であると認められ、かつ公共公益的施設用地の負担は生じず、広大地に該当しない。

```
　コメント
```

　本事例の争点は、「その地域」のとり方によって、標準的な宅地の地積が異なるという点です。

　建築基準法91条は、建築物の敷地が用途地域の内外にわたる場合においては、その敷地の全部について、一部の規制を除き、敷地の過半の属する地域内の建築物に関する諸規制を受ける旨を規定しています。そのため、本事例では本件各土地の大部分が「準住居地域」に属しており、「その地域」のとり方も「準住居地域」の影響を強く受けた結果となります。

　請求人は、本件各土地の所在する地域は戸建住宅への移行地である旨を主張していますが、それに伴う開発事例の裏づけが弱く、説得力がなかったものと考えられます。

　審判所の「その地域」の範囲の判断は妥当なものと考えられます。

不動産鑑定士の視点

◇「その地域」の判断基準

　財産評価基本通達24−4（広大地の評価）に定める「その地域」の判断基準について、国税庁ホームページの質疑応答事例では以下のように解説されています。

　「その地域」とは、原則として、評価対象地周辺の
①　河川や山などの自然的状況

② 土地の利用状況の連続性や地域の一体性を分断する道路、鉄道及び公園などの状況

③ 行政区域

④ 都市計画法による土地利用の規制等の公法上の規制など、土地利用上の利便性や利用形態に影響を及ぼすもの

などを総合勘案し、利用状況、環境等が概ね同一と認められる、住宅、商業、工業など特定の用途に供されることを中心としたひとまとまりの地域を指すものをいいます。

　ここでは「その地域」について解説されていますが、これら広大地の判断基準は、不動産鑑定評価基準がベースとなっています。

　広大地評価を検討する上で、標準的使用、標準的な宅地の地積を判定しますが、標準的使用の判定は、不動産鑑定評価でいうところの「地域分析」に当たります。

　「地域分析」では、「対象不動産と代替・競争関係が成立する不動産の存する圏域」である「同一需給圏」の分析、そして同一需給圏より更に範囲を絞り、「対象不動産の属する用途的地域であって、より大きな規模と内容とを持つ地域である都市あるいは農村等の内部にあって、居住、商業活動、工業生産活動等人の生活と活動とに関して、ある特定の用途に供されることを中心として地域的にまとまりを示している地域をいい、対象不動産の価格の形成に関して直接に影響を与えるような特性を持つものである」と定義される「近隣地域」を分析します。

　この「近隣地域」の範囲は、自然的状態に係るもの（河川、地勢等）、人文的状態に係るもの（行政区域、公法上の規制、鉄道、道路等）から判定します。つまり鑑定評価上の用語である「近隣

地域」と広大地評価上の「その地域」はほぼ同じと解され、同一
の用途・規模で同一の価格水準を形成している地域をいいます。

　例えば、戸建住宅地域内で標準的使用が戸建用地で、規模
100㎡程度の価格水準が10万円／㎡の地域、幹線道路沿いで標準
的使用が店舗用地で、規模1,000㎡程度の価格水準が15万円／㎡
の地域などです。

　広大地は、「その地域」における標準的使用、標準的な宅地の
地積を基準に判定するため、「その地域」の範囲の確定が重要と
なります。

改正後の取扱い

　改正後は、その地域の標準的な宅地の地積規模に関係なく地積規模
の大きな宅地の評価が適用可能となるため、適用すべき地域等の要件
を満たせば、本事例においては地積規模の大きな宅地の評価の適用が
可能なものと思われます。

[11] 請求人は「準工業地域」に存する評価対象地の「その地域」を住工混在地域と主張したが、「準工業地域」内が相当とされ、標準的使用は小工場、倉庫等の敷地であり、広大地には該当しないとされた事例

（国税不服審判所平成24年6月19日裁決、関裁（諸）平23-85〔非公開裁決〕）

【事　案】

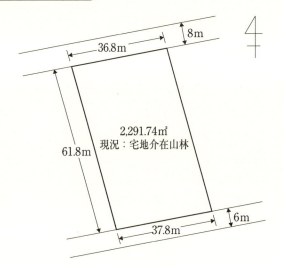

【概　要】

間　口	北側約36.8m、南側約37.8mの二方路地		
奥　行	約61.8m		
地　積	2,291.74㎡	地　形	長方形

第2章　第5　「その地域」の範囲　　　105

道路条件	北側で幅員約8mの市道に、南側で幅員約6mの市道に接面		
用途地域	準工業地域	容 積 率	200％
建ぺい率	60％	地区区分	中小工場地区
開発許可制　　度	開発区域面積500㎡以上で開発行為		
その他	①　平成21年に相続開始。 ②　本件土地の北西約140mに位置する本件公示地の公示事項は、以下のとおりである。 ・利用の現況：倉庫、作業所兼事務所 ・周辺の土地の利用現況：小工場・流通倉庫・住宅等が混在する地域 ・用途地域：準工業地域 ・容積率：200％ ・建ぺい率：60％		

当事者の主張

◆請求人の主張

①　「その地域」は図1のとおりである（以下「A地域」という。）。原処分庁主張の「その地域」（以下「B地域」という。）には、次のとおり理由がない。

　⑦　原処分庁は市道甲（図2参照）が「その地域」の南の境界と主張するが、同市道の南北で用途地域が異なるものの（北側：準工業地域、南側：工業地域）、土地の利用状況に大きな相違はない。一方、A地域の南の境界である市道乙の北側は工業地域、南側は工業専用地域であり、土地の利用制限、画地規模とも大きく異な

っている。
⑦　原処分庁は、市道丙及び市道丁（図2参照。以下「本件市道」という。）が「その地域」の西の境界と主張するが、これらの市道により土地の使用状況の連続性及び地域の一体性が分断される根拠が明確ではない。
②　A地域は、中小規模の工場、農家、一般戸建住宅、駐車場、未利用地が混在する地域であるが、最近は一般戸建住宅の建設が進んでおり、A地域における標準的な土地の利用形態は一般戸建住宅用地である。

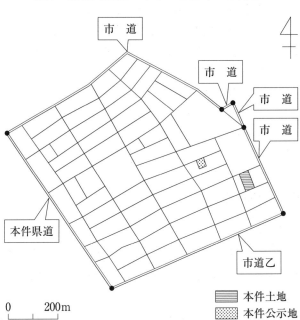

<図1　請求人主張の「その地域（A地域)」>

◆原処分庁の主張
①　「その地域」は、図2のとおり、本件県道東側地域のうち、用途地域が準工業地域で、本件市道より東側の地域（B地域）である。

理由は次のとおりである。

㋐　B地域は、用途地域、容積率及び建ぺい率が同一である。

㋑　本件市道の西側は、工場、事業所、駐車場及び戸建住宅の敷地としての利用が混在しているが、本件市道の東側は、工場、事業所及び駐車場の敷地としての利用が多く、戸建住宅の敷地としての利用はごく僅かである。

② 本件公示地の公示事項や周辺土地の利用現況からみて、B地域における標準的な土地の使用は、一般戸建住宅用地であるとはいえず、本件公示地の地積からすれば、同地域における標準的な宅地の地積は、おおむね1,000㎡である。

③ 仮に、本件土地が標準的な宅地に比して著しく地積が広大な宅地に該当するとしても、本件土地を南北2区画に分割すれば、公共公益的施設用地の負担なく分割が可能である。

＜図2　原処分庁主張の「その地域（B地域）」＞

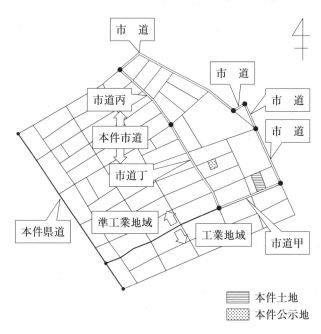

審判所の判断

　以下の理由から、本件土地は公共公益的施設用地の負担が必要な土地とは認められず、広大地には該当しないものと判断した。

① 　「その地域」は、Ｃ地域（図3参照）である。理由は次のとおりである。

　　㋐ 　南の境界について、準工業地域と工業地域とでは、建築制限など公法上の規制が異なるため、利用状況、環境等が同一とは認められない。よって、原処分庁と同じく市道甲が境界となる。

　　㋑ 　本件市道の東側と西側では、戸建住宅の敷地としての開発状況が異なっており、利用状況、環境等が同一であるとは認められない。よって、原処分庁と同じく本件市道が西の境界となる（東側：平成8年の1か所のみ、西側：平成15年以降の4か所ほか）。

　　㋒ 　本件土地の北約200ｍに位置し、市道戊に南側で接面する土地を含む街区は、一法人が街区全体を自社工場及び貸事務所の敷地として利用しており、街区全体の地積は29,610.81㎡である（以下、当該街区を「本件工場街区」という。）。本件工場街区は、画地規模がその南側にあるＣ地域の工場、倉庫等の敷地規模に比べ格段に大きく、本件工場街区とＣ地域では、相続開始日における利用状況、環境等が同一であるとは認められない上、本件工場街区によって土地の使用状況の連続性及び地域の一体性が分断されていると認められるため、「その地域」の北の境界は市道戊である。よって、Ｃ地域は、主として小工場、倉庫等の用途に供されることを中心としたひとまとまりの地域である。

② 　上記①の利用状況及び本件公示地の利用の現況、その周辺の土地の利用の現況、そして本件公示地に係る平成21年1月1日を基準日とする、二人の不動産鑑定士から提出された鑑定評価書ⓐ・ⓑ（詳細は下記参照）から、Ｃ地域における標準的な土地の使用状況は、小工場、倉庫等の敷地であると認められる。

第2章 第5 「その地域」の範囲　　109

○不動産鑑定士の鑑定評価書の内容
・近隣地域の標準的使用：小規模工場、倉庫地
・近隣地域の標準的画地の形状等：間口約28m、奥行ⓐ約36m・
　ⓑ約35m、規模1,000㎡程度、形状ⓐ長方形・ⓑほぼ長方形
・最有効使用の判定：標準的使用と同じ

---

③　本件公示地の地積と、C地域において工場、倉庫等の用に供されている敷地の地積の平均が1,347.96㎡であることから、C地域における標準的な宅地の地積は、1,300㎡程度である。

④　上記③を基に、本件土地の開発行為を行うとした場合、南北で2区画に分割すれば、既存市道に接面するように開発することが可能であるため、公共公益的施設用地の負担が必要であるとは認められない。

<図3　審判所の認めた「その地域（C地域）」>

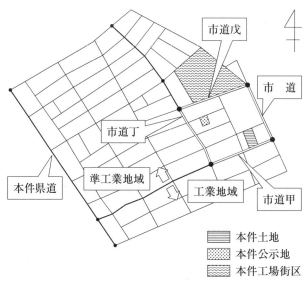

コメント

　本事例では、請求人は「その地域」を住工混在の様相である地域と主張していましたが、原処分庁と審判所は、B地域とC地域とで「その地域」の範囲は異なるものの、戸建住宅が混在する地域を除いた範囲と判定しています。

　用途地域が、住居系（第一種中高層住居専用地域、第一種住居地域等）であれば、用途地域が異なっていても、利用状況に大きな相違が見られないこともありますが、住居系と工業系では、地域の様相が変わる場合が多いため、「その地域」が住居系と工業系の用途地域にまたがっていると主張する場合には、戸建開発事例等を調査し、「特定の用途に供されることを中心としたひとまとまりの地域」である根拠をもって主張しましょう。

不動産鑑定士の視点

◇「その地域」の判定

　用途地域は、「その地域」の範囲を判定する重要な指標の一つといえます。

　例えば、幹線道路の端から30m以内の地域は第一種住居地域、30m超の地域は第一種低層住居専用地域というように、幹線道路沿いとその奥では、用途地域が異なるというケースがよく見受けられます。実際に、幹線道路沿いで店舗敷地が多く、戸建分譲の開発事例が見受けられないとなると、「その地域」は用途地域に沿った範囲となる可能性が高くなります。

　「その地域」は、自然的状態に係るもの（河川、地勢等）、人文的状態に係るもの（行政区域、公法上の規制、鉄道、道路等）から、総合的に判定しますので、少なくとも、役所の都市計画課等で、評価対象地の規制内容は確認しておきましょう。

改正後の取扱い

　本事例における路線価図の地区区分は中小工場地区であることから、改正後は、地積規模の大きな宅地の評価の適用ができないものと思われます。

[12] 中小工場地区に存する各土地について、「その地域」の範囲が争われ、広大地評価の適用が是認された事例

（国税不服審判所平成28年2月29日裁決、裁決事例集№102 291頁）

> 事　案

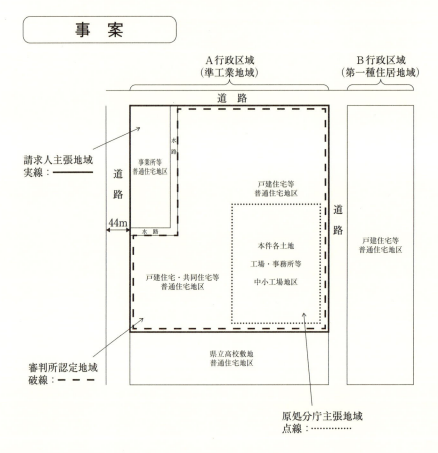

第2章　第5　「その地域」の範囲　　113

【概　要】

＜土地1＞

地　　積	1,013㎡	用途地域	準工業地域
道路条件	北側で幅員約16mの道路に接面		
駅 距 離	約1.3km	容 積 率	200%
建ぺい率	60%	地区区分	中小工場地区

＜土地2＞

地　　積	633㎡	用途地域	準工業地域
道路条件	東側で幅員約8.5mの道路に接面		
駅 距 離	約1.1km	容 積 率	200%
建ぺい率	60%	地区区分	中小工場地区

＜土地3＞

地　　積	2,254㎡	用途地域	準工業地域
道路条件	北側で幅員約16mの道路に、西側で幅員約3mの道路に接面		
駅 距 離	約1.3km	容 積 率	200%
建ぺい率	60%	地区区分	中小工場地区

当事者の主張

◆請求人の主張

1　財産評価基本通達24－4（以下「広大地通達」という。）にいう
　「その地域」について

①　本件各土地のあるA行政区域のうち、県立高校の敷地となってい

る南側の街区を除いた他の街区（以下「請求人主張地域」という。）
は、容積率及び建ぺい率が同一であり、敷地面積の最低限度も
100㎡と同一である。

② また、請求人主張地域は、西側の広幅員道路、東側の広幅員道
路、南側の県立高校を境として地域の一体性が保たれており、当該
地域は街路条件の良い戸建の住宅、中高層の集合住宅及び中小工場
が混在している地域である。

③ 以上の点を踏まえ、㋐行政区域として最小限の地域の一体性が
あると認められる住居表示地を基本単位とし、それに、㋑自然的
状況、㋒土地の利用状況の連続性や地域の一体性を分断する道路、
鉄道及び公園その他の施設などの状況、㋓都市計画法による土地
利用の規制等の公法上の規制など、土地利用上の利便性や利用形態
に影響を及ぼす事項を総合勘案して本件各土地に係る「その地域」
を判断すると、請求人主張地域が、土地等の利便性や環境等に同一
性のあるひとまとまりの地域と認められることから、前掲図の実線
で囲まれた地域を本件各土地に係る「その地域」とすることが相当
である。

2 広大地該当性について

① 請求人主張地域においては、最近新たに工場として開発された例
はなく、むしろ、中小工場の数社がここ10年くらいの間に移転する
という状況からすれば、資金面で利用者が極めて限定される工場又
はこれに準ずる施設の敷地としての利用が経済的に最も合理的であ
るとはいえない。

　この点に加え、準工業地域の土地利用の現況の大部分が戸建住宅
であることを併せ考えれば、請求人主張地域における宅地の標準的
使用は、戸建住宅の敷地である。

② 請求人主張地域において、昭和52年以降現在までに開発された戸

第2章　第5　「その地域」の範囲　　115

建分譲住宅19区画の平均敷地面積は、110.45㎡である。

　　また、本件相続の開始時において、請求人主張地域には地価公示の標準地が存在しないものの、本件各土地の存する町及び隣接町の準工業地域にある地価公示の標準地6地点の平均地積は、約146㎡である。

　　これに請求人主張地域における敷地面積の最低限度が100㎡であること等を総合勘案すると、請求人主張地域における標準的な宅地の地積は、100㎡から120㎡程度というべきである。

　　そうすると、本件各土地はいずれも、請求人主張地域における標準的な宅地の地積に比して著しく地積が広大な土地に該当する。

③　請求人主張地域における標準的な宅地の地積が上記②のとおりであること並びに本件各土地の形状、公道との接面状況及び地積等を踏まえると、本件各土地の開発行為を行うに当たっては、いずれも、道路を開設するのが経済的に最も合理的である。

　　そうすると、本件各土地は、いずれも、開発行為をするとした場合に公共公益的施設用地の負担が必要な土地である。

④　したがって、本件各土地は、いずれも広大地に該当する。

◆原処分庁の主張

1　広大地通達にいう「その地域」について

　「その地域」については、自然的状況、道路及び鉄道などの状況、行政区域並びに公法上の規制など、土地利用上の利便性や利用形態に影響を及ぼすものなどを総合勘案して判断すべきである。この点、本件各土地は、いずれも中小工場地区に所在しているところ、一方その周辺は全て普通住宅地区である。加えて、①中小工場地区の北側は、主に戸建住宅の敷地として利用されていること、②南側は、県立高校の敷地として利用されていること、③東側は、広幅員道路に面し、そ

の東側の地域は、用途地域が第一種住居地域であり、主に戸建住宅の敷地として利用されていること、及び、④西側は、主に戸建住宅及び共同住宅等の敷地として利用されていることなどからすると、本件各土地に係る「その地域」は、前掲図の点線で囲まれた地域（以下「原処分庁主張地域」という。）である。

2　広大地該当性について

　原処分庁主張地域においては、本件相続の開始時、工場及び事務所4棟並びにマンション1棟が存していることから、その宅地の標準的使用は、工場又はこれに準ずる施設の敷地であり、標準的な宅地の地積は、1,200㎡から14,000㎡程度である。

　そうすると、本件各土地は、いずれも、その地積が原処分庁主張地域における標準的な宅地の地積の上限を超えるものではないから、著しく地積が広大な土地とは認められない。

　したがって、本件各土地は、いずれも広大地に該当しない。

審判所の判断

1　認定される事実

①　A行政区域は、用途地域が準工業地域であり、容積率は200％、建ぺい率は60％と定められている。そして、開発行為における建築物の敷地面積の最低限度は100㎡である。

　　これに対して、A行政区域の東側の地域（B行政区域）については、容積率、建ぺい率及び建築物の敷地面積の最低限度はA行政区域と同じであるが、用途地域は第一種住居地域である。

②　A行政区域の南端は、その全域が県立高校の敷地となっており、住宅用や商業用への宅地転用が見込まれない地域である。

③　A行政区域の北西方に位置する水路に囲まれている街区は、主に

第2章　第5　「その地域」の範囲　　117

事業所や店舗の敷地として利用されている。

④　平成19年に1区画当たり約100㎡の戸建住宅敷地としての分譲がされるなど、本件相続の開始時におけるこの地域の全建築物のうち約7割は戸建住宅である。このほか、平成27年には、土地1が1区画当たり約100㎡から約110㎡までの8区画の戸建住宅敷地として分譲された。

⑤　本件各土地の存する町の準工業地域には、地価公示の標準地が2地点あるところ、それらの平均地積は約139㎡である。

2　広大地通達への当てはめ

(1)　「その地域」について

①　本件各土地が所在するA行政区域では、全ての街区において、用途地域、容積率及び建ぺい率が同じである。

②　A行政区域とその東側のB行政区域とでは、行政区域及び用途地域を異にする。

③　A行政区域のうち、その南端に位置する街区は、その全域が県立高校の敷地となっており、他の街区とは土地の利用状況が大きく異なる。

④　A行政区域の西側は、幅員約44mの広幅員道路が南北に走っているとともに、北西側には水路が流れており、これらを境に地域としての一体性が分断されている。

⑤　A行政区域とその北側の地域とでは、行政区域を異にする。

　以上の事情を総合勘案すれば、A行政区域のうち、南側の県立高校、北西側の水路に囲まれた街区を除いた地域（以下「審判所認定地域」という。）が本件各土地に係る「その地域」に当たると認めるのが相当である（前掲図の破線で囲まれた地域）。

　この点について、原処分庁は、原処分庁主張地域が中小工場地区と

されており、その周辺の地区（普通住宅地区）とは利用状況も含めて異なるなどとして、原処分庁主張地域が「その地域」であると主張する。しかしながら、財産評価基本通達における地区の違いが、直ちに土地の利用状況の連続性や地域としての一体性を分断することがあると一般に考えられる客観的な状況に当たるということはできず、また、原処分庁主張地域である中小工場地区とその周辺の普通住宅地区を比較すると、前者が主に工場用地である一方、後者が戸建住宅の割合が高いものの、いずれも準工業地域であって、公法上の規制等に異なる点はなく、行政区域も同一であることを踏まえると、それらの地域の客観的な状況に異なる点があると認めるに足りない。したがって、原処分庁の主張には理由がない。

（2）　広大地該当性について

審判所認定地域においては、戸建住宅の戸数はその地域における建築物の約7割を占めており、審判所認定地域における宅地の標準的使用は戸建住宅の敷地であると認められる。

そして、審判所認定地域における建築物の敷地面積の最低限度が100㎡であり、戸建住宅の敷地面積の平均が約110㎡であること及び地価公示等を総合勘案すると、審判所認定地域における標準的な宅地の地積は、110㎡程度と認めるのが相当である。

そうすると、地積が1,013㎡の土地1、地積が633㎡の土地2及び地積が2,254㎡の土地3は、いずれも「その地域における標準的な宅地の地積に比して著しく地積が広大な宅地」であると認められる。

また、本件各土地は道路を開設する開発行為が経済的に最も合理的であり、公共公益的施設用地の負担が必要と認められることから、本件各土地はいずれも広大地に該当する。

第2章 第5 「その地域」の範囲 119

> ## コメント

　本事例では、請求人、原処分庁及び審判所のいずれも「その地域」のとり方が異なっていますので、本件各土地が属する「その地域」の考え方や「その地域」における宅地の「標準的使用」の判断について、「不動産鑑定士の視点」により検討してみることとします。

不動産鑑定士の視点

　原処分庁は、本件各土地が工場・事務所等が存する中小工場地区に所在し、当該地区の周辺は全て戸建住宅・共同住宅等が存する普通住宅地区である点を指摘し「その地域」を判断しています。一方、審判所は、財産評価基本通達における地区区分の違いが、直ちに土地の利用状況の連続性や地域としての一体性を分断することがあると一般に考えられる客観的な状況に当たるということはできないとし、原処分庁の主張を退けています。

　すなわち、公法上の規制、地区区分等は「その地域」を判断する際のひとつの指標にはなるが、当該規制等によって直ちに地域が分断されるわけではないことを審判所は示しています。

　本事例でいうと、本件各土地は地区区分が中小工場地区であり、周辺には工場・事務所等が見受けられる地域に存しています。ただし、近年本件各土地の周辺では新規に工場等が建築されておらず、むしろ戸建住宅が建築されている（実際に土地1は相続開始後に売却され戸建分譲されている）ことから、本件各土地の存する地域の土地利用の需要は、工業系から住宅系へ移行している地域であると推測されます。したがって、今後は本件各土地の周辺も住宅化が進行するものと予測されますから、原処分庁の

「その地域」の判断は妥当ではなく、審判所の「その地域」の判断が妥当であると考えられます。

また、「その地域」の標準的使用の判断に当たっては、必ずしも相続開始時点の評価対象地の土地の利用状況及び周辺の土地の利用状況が標準的使用とはならない場合があることに注意する必要があります。特に本事例のように、「その地域」の土地の売買市場において、中小工場用地としての需要より戸建住宅用地としての需要の方が強くなっている場合には、戸建住宅が標準的使用と判断されます。

繰り返しにはなりますが、「その地域」及び標準的使用の判断に当たっては、市場における需給動向を的確に把握の上、市場分析（評価対象地の周囲及び街区の建築物の立地状況、行政的条件、不動産の形状及び使用状況等の把握）を通じた、その地域における一般的な宅地の使用方法の判断が重要となります。

改正後の取扱い

本事例においては、路線価図の地区区分が中小工場地区であっても広大地評価の適用が認められていますが、改正後における地積規模の大きな宅地の評価の適用は難しいものと思われます。

第6 「著しく地積が広大である」の判定基準

[13] 条例の500㎡以上の宅地開発についての届出義務について、都市計画法に基づく開発許可の面積基準に関する規定には当たらないとして広大地評価の適用が否認された事例

（国税不服審判所平成25年8月1日裁決、名裁（諸）平25-6〔非公開裁決〕）

事　案

① 本件土地は、××から幹線道路沿いに約500m西進した付近に所在する。

② 相続開始時点（平成23年）で、本件土地は一団の畑として一体で利用されていた。

③ 相続開始日において、本件土地の評価区分は農地であり、そのうち、市街地周辺農地に分類されていた。

④ 相続開始日において、本件土地及びその周辺は都市計画法5条の都市計画区域に指定されていたが、同法7条の市街化区域と市街化調整区域の区域区分はされていなかった。また、同法8条1項1号の準工業地域に指定されていた。

【概　要】

地　積	596㎡
用途地域	非線引き都市計画区域

当事者の主張

◆請求人の主張

① まちづくり条例により、土地区画形質の変更等を行おうとする面積が500㎡以上の場合には届出義務があり、市へ問い合せたところ「まちづくり条例の宅地開発行為に関する指針において、建築基準法等遵守が定められており、仮に条例違反をして開発を進める者がいた場合、市行政としては訴訟の法的手段を講ずることになる。」との回答であり、まちづくり条例を無視して宅地開発を進めることは事実上困難である。

② 上記①より「その地域における標準的な宅地の地積に比して著しく地積が広大な宅地」に該当し、広大地評価の適用がある。

◆原処分庁の主張

① 広大地評価の規定では、「著しく地積が広大」であるか否かの判定に当たり、都市計画法29条1項の開発許可面積基準を指標としている。本件土地の所在する市は、当該面積基準について、条例により300㎡以上1,000㎡未満の範囲内で別途定めることのできる事務処理市町村に該当するが、別途定めていない。

② まちづくり条例は、土地区画形質の変更等を行おうとする面積が500㎡以上の場合には、市長へ届け出て確認を受けなければならない旨を定めているにすぎず、都市計画法に基づく開発許可の面積基準に関する規定と同様に取り扱うことはできない。

③ 上記①・②より、「その地域における標準的な宅地の地積に比して著しく地積が広大な宅地」には該当しない。

第2章　第6　「著しく地積が広大である」の判定基準　123

審判所の判断

　以下の理由から、広大地には該当しないと判断した。

①　広大地評価の規定における「標準的な宅地の地積に比して著しく地積が広大」であるとは、開発行為を行う場合に都市計画法に規定する許可が必要であり、かつ、地積がその地域における土地の標準的な宅地の地積よりも広大であることをいう。

②　本件土地は都市計画区域に指定されており、開発行為には都市計画法上の許可を要するが、本件土地の所在する市では条例が定められていないため、開発行為を行う場合、都市計画法施行令19条により、許可を必要とする土地は3,000㎡以上の土地となる。

③　本件土地は596㎡であり、都市計画法により許可を必要とする3,000㎡以上の土地には当たらないので、「その地域における標準的な宅地の地積に比して著しく地積が広大な宅地」には該当しない。

④　請求人は、土地区画形質の変更等を行おうとする面積が500㎡以上の場合には、届出義務があるとともに、まちづくり条例を無視して宅地開発を進めることは事実上困難であると主張するが、まちづくり条例は開発行為を行おうとする際の市長への届出及び確認を求めるものにすぎず、都市計画法の許可と同視できないので、請求人の主張は採用できない。

コメント

　広大地の目安となる形式的面積基準について、広大地評価の規定では、以下のように記載されています。

（広大地に該当する条件の例示）
・普通住宅地区等に所在する土地で、各自治体が定める開発許可

を要する面積基準以上のもの

（面積基準）

原則として、次に掲げる面積以上の宅地については、面積基準の要件を満たすものとする。

① 市街化区域、非線引き都市計画区域（②に該当するものを除く。）……都市計画法施行令第19条第1項及び第2項に定める面積（※）

※1 市街化区域

三大都市圏……………………500㎡

それ以外の地域…………1,000㎡

2 非線引き都市計画区域…3,000㎡

② 用途地域が定められている非線引き都市計画区域……市街化区域に準じた面積

ただし、近隣の地域の状況から、地域の標準的な規模が上記面積以上である場合については、当該地域の標準的な土地の面積を超える面積のものとする。

本事例の場合、非線引き都市計画区域に該当するため、開発許可は3,000㎡以上の土地について必要になります。

広大地評価の規定における「広大地評価の面積基準のイメージ」図の一番下には「※ 都道府県等の条例により、開発許可面積基準を別に定めている場合はその面積による。」と記載がありますので、この面積基準は、特例的に各自治体が条例により変更することも可能になります。

ただし、本事例の場合、条例による面積基準は満たしているものの、その地域の標準的な宅地の地積が400㎡から500㎡と認定されて、開発道路を設けずに宅地分譲が可能と認定され、広大地評価が認められませんでした。

第2章　第6　「著しく地積が広大である」の判定基準　125

不動産鑑定士の視点

◇開発許可面積基準について

　特例的に開発許可面積基準を条例で制定している場合として、我孫子市では以下のように規定しています。

　　　○我孫子市開発行為に関する条例

（政令第19条第1項ただし書の条例で定める開発行為の規模）

第10条　都市計画法施行令（昭和44年政令第158号。以下「政令」という。）第19条第1項ただし書に規定する条例で定める開発行為の規模は、300平方メートルとする。

　このことは各地方公共団体の「開発指導要綱」でも確認でき、本事例の「まちづくり条例」では以下のように規定しています。

第10条《中規模以上の開発事業の届出》

　　土地区画形質の変更等でその面積が500㎡以上のものに該当する開発事業を行おうとする者は、当該開発事業の計画が容易に変更できる時期に、当該開発事業の実施計画を市長に届け出て、まちづくりの方針に適合していることの確認を受けなければならない。

　本事例では許可と確認では法的拘束力の違いもあり、まちづくり条例が面積基準に影響を与えるものではないと判断されました。

◇面積基準を下回る場合は広大地に該当しないのか

　広大地評価の規定では、以下のように記載されています。

（注）

　ミニ開発分譲が多い地域に存する土地については、開発許可を要する面積基準（例えば、三大都市圏500㎡）に満たない場合であっても、広大地に該当する場合があることに留意する。

　このように、開発許可面積基準に満たない場合であっても、広大地に該当する場合があると明確に判断基準が示されています。

　この開発許可面積はあくまで形式基準になりますので、この面積以上だからといって必ずしも「著しく大きい」とはいえないこともあります。逆に500㎡未満、1,000㎡未満、3,000㎡未満でも「著しく大きい」と判断される場合があります。

　実務においては評価対象地の面積が、開発許可面積基準500㎡の地域では400㎡程度、開発許可面積基準が1,000㎡及び3,000㎡の地域では700㎡程度以上から広大地を意識し、広大地の全ての要件に該当するか検討する必要があるでしょう。

　反対に本事例のように、開発許可面積基準を満たしていても、その地域の標準的な宅地の地積によっては、開発道路を必要とせず宅地分譲が可能となり、広大地評価が認められない場合もあります。

　そのため、その地域の標準的な宅地の地積を開発事例等で調査することが大切です。

改正後の取扱い

　地積規模の大きな宅地の評価が適用される面積基準は、三大都市圏に所在する宅地は500㎡以上、三大都市圏以外の地域に所在する宅地

第2章　第6　「著しく地積が広大である」の判定基準　　127

は1,000㎡以上であるため、本事例の土地が三大都市圏に存する場合には地積規模の大きな宅地の評価の適用はあり、三大都市圏以外の地域に存する場合には地積規模の大きな宅地の評価の適用はないものと考えられます。

第7　公共公益的施設用地の負担

[14]　評価対象地が相続開始後に売却され、道路を設けて戸建分譲したものの、それが経済的に最も合理的に戸建分譲を行う場合における公共公益的施設用地の必要性につながらないと判断され、広大地評価の適用が否認された事例

（国税不服審判所平成21年4月9日裁決、東裁（諸）平20-158〔非公開裁決〕）

事　案

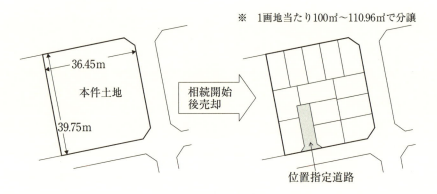

【概　要】

間　口	東側道路に対する間口は約39.75m
奥　行	東側道路に対する奥行は約36.45m
地　積	1,449㎡	地　形	長方形

道路条件	三方路	用途地域	第二種住居地域
その他	\(①\) 相続開始後に売却され、位置指定道路を設けて100㎡～110.96㎡の大きさで戸建分譲されている。 \(②\) 本件土地が存する自治体の開発指導要綱等において、戸建住宅の1画地の標準面積を135㎡と定めている。		

当事者の主張

◆請求人の主張

① 財産評価基本通達24－4では、旧財産評価基本通達24－4において定められていた「算式中の「公共公益的施設用地となる部分の地積」とは、その広大地について経済的に最も合理的であると認められる開発行為を行うとした場合に公共公益的施設用地となる部分の地積をいうことに留意する。」との文言が削除されていることから、経済的に最も合理的であるか否かは考慮する必要がなく、本件土地について開発許可申請が必要な行為をするとした場合に公共公益的施設用地の負担が必要であるか否かによって判断するべきである。

② 著しく地積が広大であるかどうかの判断基準を各自治体が定める開発許可基準に求めていることからすると、標準的な宅地の地積の判定に当たっても開発指導要綱等に基づいて判断すべきであり、当該要綱等において定められている標準面積135㎡が標準的な宅地の地積であり、図1のとおり公共公益的施設用地の負担が生じる。

③ 本件土地を購入した第三者が道路を設けて開発していることからも、公共公益的施設用地の負担が生じるのは明らかである。

<図1　請求人主張の開発想定図>

133.6㎡	138.4㎡
135㎡	142㎡
	142㎡
135㎡	
133.4㎡	142㎡
	137.6㎡

◆原処分庁の主張

① 広大地評価の規定において、「公共公益的施設用地となる部分の地積」とは、その広大地について経済的に最も合理的であると認められる開発行為を行うとした場合に公共公益的施設用地となる部分の地積をいう旨の文言がないとしても、公共公益的施設用地の必要性については、経済的に最も合理的に戸建住宅の分譲を行うとした場合における公共公益的施設用地の必要性により判定するものと解するのが相当である。

② その地域における地価公示地の地積（165㎡及び184㎡）、本件相続開始日の属する年になされた同地域内の宅地に係る建築確認申請における宅地の平均地積（140.30㎡）、開発指導要綱等における1区画の標準面積（原則として135㎡）を総合勘案すると、標準的な宅地の地積は、これらの平均値である156㎡を中心値とする、おおむね135㎡ないし184㎡程度の範囲内の地積であると認められる。

③ 156㎡を基に区画割を行うと、図2のとおり公共公益的施設用地を負担することなく利用できると認められるので、広大地に該当しない。

第2章　第7　公共公益的施設用地の負担　　　131

<図2　原処分庁主張の開発想定図>

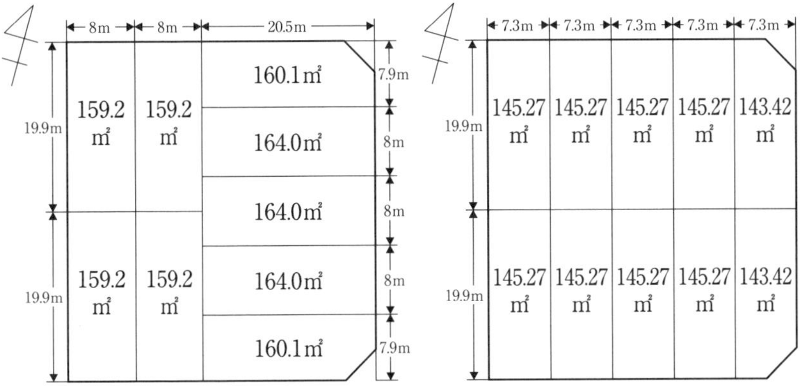

審判所の判断

① 広大地の評価は、経済的に最も合理性のある戸建分譲のための開発行為をした場合において、公共公益的施設用地の負担が必要になるか否かによって判断するのが相当である。

② 開発指導要綱等において戸建住宅の1画地の標準面積を135㎡としていること、本件土地と状況を同じくする周辺地域において新築された戸建住宅の敷地面積は104.61㎡から200.03㎡までであること、周辺地域に存する地価公示地の地積は165㎡及び184㎡であることから、標準的な宅地の地積は135㎡ないし190㎡程度である。

③ 原処分庁の開発想定図は、各画地の地積が標準的な宅地の地積の範囲内であり、開発指導要綱等の定めに従ったもので、戸建住宅用地分譲のための区画割として合理的なものと認められる。

④ 請求人の開発想定図は、各画地の地積が標準的な宅地の地積の範囲内であるが、開発道路を開設するために潰れ地の面積が大きくなり、いずれの区画も原処分庁の開発想定図と比較して地積が減少し

ており、宅地として有効に活用できる地積が大幅に減少している。請求人の区画割は経済的に合理的な区画割とは認められない。

⑤　本件土地は相続開始後に宅地分譲されているが、各画地の地積が標準的な宅地の地積に比して小さいものであって、原処分庁の開発想定図と比較して、より経済的に合理性のある戸建住宅用地の分譲を行ったとも認め難いから、本件の個別的な区画割の存在をもって、公共公益的施設用地の負担の要否を判断するのは相当ではない。

コメント

　本事例は、相続開始後売却され、宅地分譲業者が道路（位置指定道路）を設けて宅地分譲したにもかかわらず、広大地評価の適用が否認された珍しいケースです。

不動産鑑定士の視点

◇標準的な宅地の地積の判断

　本事例は、土地を購入した宅地分譲業者が、できるだけ区画数を多くするために一体開発を避けて、開発期間を複数に分け、開発許可を要しない面積で宅地開発した事例と考えられます。通常、開発許可を得る場合には、最低敷地面積が135㎡となります。

　しかし、評価対象地の所在する市区町村では、開発許可を要しない場合には、最低敷地面積の規定がないものと考えられます。実際に各画地は100㎡から110㎡程度に分割されています。

　本事例において一体開発を考えるならば、開発道路を設けずに

第2章　第7　公共公益的施設用地の負担　　133

　各画地も整形地で区割することになり、原処分庁の主張する開発想定図が合理的な分割と考えられます。請求人の主張する開発想定図は原処分庁の開発想定図と比較して、区画数が同じか少ないものとなっており、かつ開発道路もあり各画地は整形地であるものの有効宅地減少が生じているからです。

　ただし、その地域における宅地需要の実情から、各自治体が定める最低敷地面積よりも小さくして総額を抑えた画地の需要が強くあり、そのような宅地開発（ミニ開発と考えられます。）が一般的に行われている場合には、評価対象地と同様の事例を多く収集し主張立証することにより広大地評価の適用が可能な場合もあります。

　実際の事案においても、市街化区域の開発許可面積は1,000㎡であり、最低敷地面積は200㎡であるが、総額の観点といった地域の実情から、100㎡から120㎡程度の画地の需要が強く、開発事例を調査したところ、1,000㎡以上ある宅地を2回の開発区域に区切り、1回当たりの開発面積を1,000㎡未満に抑え、位置指定道路による開発が日常的に行われていました。当該市の開発指導課の担当者に問い合わせたところ、そのように開発している場合が多いとのことでした。このような実情を説明し、開発事例を添付して更正の請求をして認められたケースがあります。

改正後の取扱い

　地積規模の大きな宅地の評価では、公共公益的施設用地の有無は関係ないため、土地の所在地、路線価図の地区区分、容積率に問題がなければ、本事例の土地も減価対象となります。

［15］ 請求人は500㎡未満の土地につきミニ分譲開発を主張したが、標準的な宅地の地積は請求人主張の地積より大きいと判断され、路地状開発が経済的に最も合理的な開発であるとして広大地評価の適用が否認された事例

（国税不服審判所平成22年6月7日裁決、東裁（諸）平21－171〔非公開裁決〕）

事 案

本件被相続人は、相続開始時点において、地積合計489.67㎡の土地（以下「本件土地」という。）及び本件土地上に、共同住宅（貸家）を建築し、所有していた。

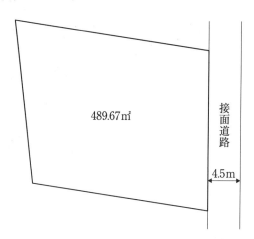

【概　要】

地　積	489.67㎡	地　形	台形
道路条件	東側で幅員約4.5mの市道に接面		

用途地域	第一種中高層住居専用地域		
容積率	200％	建ぺい率	60％

当事者の主張

◆請求人の主張

① 本件土地の面積は500㎡未満であり、開発による最低敷地面積の制限がないことから、周辺地域のミニ分譲開発事例の画地規模（80㎡程度）も勘案し、位置指定道路を設けて、図1のように5分割することが最も合理的な分割と考えられる。

② 上記①より、開発道路等の潰れ地が生じることから、開発道路等の公共公益的施設用地の負担を要する。

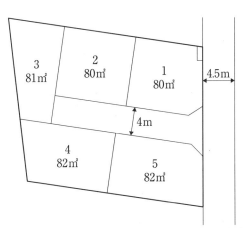

＜図1　請求人主張の開発想定図＞

◆原処分庁の主張

① 本件土地は、公法上、位置指定道路を設置しないで図2のように

路地状開発することが可能である。
② 本件土地においては、位置指定道路を設置する開発より、路地状開発の方が有利な点がある。
③ 本件土地の存する地域に路地状開発の事例がある。
④ 上記①〜③より、路地状開発を行うことには合理性があると認められ、図2の開発想定図のように4分割するのが最も合理的であり、公共公益的施設用地の負担は必要ないものと認められる。

＜図2　原処分庁主張の開発想定図＞

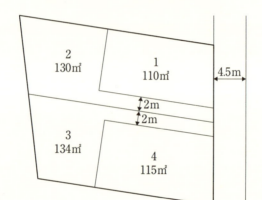

> 審判所の判断

① 「標準的な宅地の地積」は100㎡から130㎡程度と認めるのが相当である。
② 本件土地の最有効使用は戸建住宅の敷地であるといえるが、原処分庁の主張する図2の開発想定図に基づいて本件土地を分割すれば、㋐各画地が標準的な宅地の地積を満たすこと、㋑分割方法も都市計画法等の法令などに反するものではないこと、㋒建ぺい率

第2章　第7　公共公益的施設用地の負担　　137

及び容積率の算定に当たって路地状部分の面積も敷地面積に含まれ
るため、位置指定道路を設けるよりも広い建築面積及び延べ面積の
建築物を建てることができ、路地状部分を駐車場として利用するこ
とも可能になることが認められる。

　　そして、本件地域内に路地状敷地の区画が複数ある。
③　上記①・②より、路地状開発により戸建住宅分譲用地とすること
が経済的に最も合理的であり、「位置指定道路を設けた上で、標準
的な宅地の地積を下回る約80㎡ずつ5画地に分割することが最も合
理的である」という請求人の主張は採用できない。本件土地は、公
共公益的施設用地の負担は必要と認められないことから、広大地に
該当しない。

> ## コメント

　本事例は、公共公益的施設用地の負担の必要性が争われた事例で
す。

　国税庁ホームページの質疑応答事例「広大地の評価における公共公
益的施設用地の負担の要否」において、「開発行為を行うとした場合
に公共公益的施設用地の負担がほとんど生じないと認められる」もの
として、以下のように例示されています。
①　公共公益的施設用地の負担が、ごみ集積所などの小規模な施設の
　開設のみの場合
②　セットバック部分のみを必要とする場合
③　間口が広く、奥行が標準的な場合
④　道路が二方、三方又は四方にあり、道路の開設が必要ない場合
⑤　開発指導等により道路敷きとして一部宅地を提供しなければなら
　ないが、道路の開設は必要ない場合
⑥　路地状開発を行うことが合理的と認められる場合

本事例では、上記⑥に該当するものとして、開発行為を行うとした場合に公共公益的施設用地の負担がほとんど生じないと認められるため、広大地には該当しないとされました。

不動産鑑定士の視点

◇一画地の面積の違い

　住宅需要が強く、地価が高い地域においては、総額の観点から一画地の規模が小さくなる傾向にあります。東京都の23区の都心に近い区域においては、戸建住宅の市場における最低区画が60㎡となる地域もあります。首都圏の郊外においては、100㎡〜150㎡程度が多くなります。

　行政側は、当該行政区域内の市場の実態と防災上の安全性等の観点から開発許可をするに当たり、条例等で一区画の最低区画面積を定めています。

　一方、大手の戸建分譲業者が建売分譲する場合の一区画の面積と、その他の戸建分譲業者が建売分譲する場合の一区画の面積が異なることがあります。首都圏においては、開発許可を必要とする場合の最低区画面積が100㎡の場合には、大手は100㎡〜150㎡に区割するケースが見受けられます。この場合には、その地域の限定された少数の富裕者層を対象とした分譲であり、標準的な宅地の地積には該当しません。その地域の一般的な所得者層を対象とした100㎡が標準的な宅地の地積になります。

　したがって、評価対象地の周辺にある戸建分譲事例が一般的な分譲業者が開発したものか、大手の分譲業者が開発したものかについて市場調査が必要です。

　一方、100㎡未満の戸建需要が強い地域において、開発許可を

第2章　第7　公共公益的施設用地の負担　139

必要とする開発の場合には、上記のとおり行政側が市場の実態に
合わない100㎡と規制した場合、当然開発許可面積（首都圏では、
市街化区域は500㎡）以上の場合には開発業者は条例等の基準に
従い一画地を100㎡としなければなりません。

　しかし、開発許可を必要としない開発面積（500㎡）未満の場
合には、宅地分譲業者は経済的合理性の観点からできるだけ区画
数を多く取ろうとします。

　その結果、開発許可を必要としない宅地分譲開発の場合で、か
つ、最低区画面積が定められていない場合には、市場の実態に合
わせて100㎡未満とする傾向にあります。

　地域によっては、開発許可面積以上の場合と未満の場合とで、
一区画の地積が異なる場合があります。

　したがって、開発許可面積未満でミニ分譲地のその地域におけ
る一区画の地積の市場の分析が必要となり、本事例も上記のよう
なケースに該当するものと考えられます。

　納税者側の説明不足と審判所の理解不足による審判結果となっ
たものと思われます。

改正後の取扱い

　本事例の土地は、三大都市圏に存しており、地積が500㎡未満であ
ることから、改正後は、地積規模の大きな宅地の評価の適用ができな
いと思われます。

[16] 当事者双方主張の「その地域」は相当ではなく、適切な「その地域」内では路地状開発が一般的とはいえず、道路開設による開発が経済的に最も合理的であるとされ、広大地評価の適用が是認された事例

（国税不服審判所平成24年8月28日裁決、裁決事例集№88　291頁）

事　案

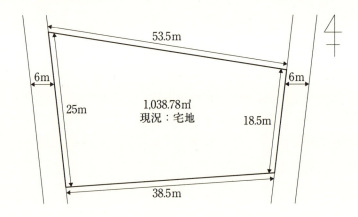

【概　要】

奥　行	北側が53.5m、南側が38.5m		
地　積	1,038.78㎡	地　形	台形に近い不整形地
道路条件	西側で幅員約6mの道路に、東側で幅員約6mの道路に接面		
用途地域	第一種低層住居専用地域		

容 積 率	80%	建ぺい率	50%
利用状況	相続開始時点（平成20年）で相続人所有家屋の敷地		
開発許可 制　　度	開発区域面積1,000㎡以上で開発行為となり、戸建住宅 の1画地は165㎡から230㎡を標準とする。		

<図1　「その地域」の関係図>

当事者の主張

◆請求人の主張

①　「その地域」は、市街化区域内の国道 d 号線 e バイパスの東側
（準工業地域を除く地域）、 f 川の南側及び西側並びに f 市の北側
である（以下「乙地域」という。）。

②　乙地域の標準的使用は、戸建住宅の敷地であると認められる。

③　標準的な宅地の地積は、都市計画法29条1項に規定する開発許可
がされた乙地域内の数例の地積（165㎡程度）及び乙地域内の地価
公示標準地及び地価調査基準地8地点の平均地積（183.75㎡）から、
165㎡ないし185㎡であり、本件土地はこれに比し著しく広大な土地
に当たる。

④　本件土地を上記③の標準的な宅地の地積で開発し、戸建住宅分譲

用地とすれば5画地程度となり、建築基準法43条の制限から、道路等公共公益的施設の開設が必要となる。

◆原処分庁の主張

① 「その地域」は、本件土地が存するｂ町○丁目～○丁目及びｃ町○丁目～○丁目の、本件土地と用途地域・建ぺい率・容積率をいずれも同じくする地域である（以下「甲地域」という。）。

② 甲地域の標準的使用は、戸建住宅の敷地であると認められる。

③ 標準的な宅地の地積は、ａ市都市整備局の担当者の申述及び本件土地付近の国土交通省が定める平成20年の地価公示地2地点の面積から200㎡程度であり、本件土地はこれに比し著しく広大な土地に当たる。

④ 本件土地を上記③の標準的な宅地の地積で開発する場合、路地状開発（図2参照）を行うことが、以下の理由から経済的に最も合理性のある開発であり、公共公益的施設用地の負担の必要はない。

　㋐ 全ての画地が建築基準法42条1項1号の道路に2m以上接することから、道路の開設の必要はない。

　㋑ 路地状開発は、開発行為に当たらず、開発許可は必要ない。

　㋒ 建ぺい率・容積率の計算上、路地状部分も敷地用地に含まれること及び道路設置に伴う敷地面積の減少がないことから、土地の有効利用が図られる。

　㋓ 甲地域においては、路地状開発事例が数多く存在し、一般的に行われている。

<図2 原処分庁主張の開発想定図>

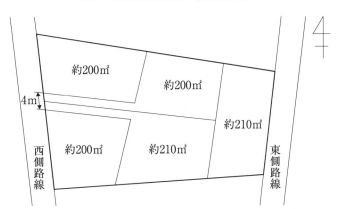

> 審判所の判断

　以下の理由から、本件土地は公共公益的施設用地の負担が必要な土地であると認められ、広大地に該当するものと判断した。
① 　「その地域」は、本件土地と用途地域・建ぺい率・容積率を同じくする地域である甲地域のうち、本件土地と利用状況、環境等が同一である、北側は市道ｇ線及び市道ｈ線、東側は市道ｉ線、南側は市道ｊ線、西側は市道ｋ線で囲まれた地域（近隣商業地域は除く。以下「丙地域」という。）である。
② 　丙地域の標準的使用は戸建住宅地と認められるものの、その状況は、農地等の開発されていない土地も多く見受けられる。一方、丙地域を除く甲地域は、農地等の開発されていない土地はほとんど見受けられず、丙地域の四方を囲む市道を境にして、明らかに土地の使用状況の連続性及び地域の一体性が分断されていると認められる。また、乙地域は、丙地域と用途地域等が異なる地域が複数含まれていることから、丙地域とは利用状況が異なると認められる。

144 第2章 第7 公共公益的施設用地の負担

③ 標準的な宅地の地積は、以下の点から180㎡以上210㎡未満である
と認められる。

　㋐ 丙地域において、平成9年ないし平成20年の宅地開発状況は、
　以下のとおりであること。

　　ⓐ 開発許可を受けた開発事例5件のうち、道路を開設した戸建
　　住宅用地の開発事例は3件（以下「開発事例Ａ」という。）。残
　　り2件は戸建住宅用地以外の開発事例。道路開設の3事例は、い
　　ずれも開発面積が2,000㎡超で、区画数はそれぞれ5区画、8区
　　画及び11区画。1区画当たりの面積は約180㎡ないし約240㎡。

　　ⓑ 路地状開発による戸建住宅用地の開発事例は平成16年の1件
　　（以下「開発事例Ｂ」という。）。開発面積は約980㎡であり、
　　区画数は6区画。1区画当たりの面積は約145㎡ないし約180㎡。
　　当該事例は、奥行が東側25.5m、南側28mの正方形に近い角地
　　であり、4区画は公道に接し、2区画は路地状部分を有する。

　　ⓒ 上記ⓐ・ⓑのとおり、開発事例Ａ及び開発事例Ｂの全区画
　　数は30区画、平均宅地面積は200.88㎡であり、180㎡以上210㎡
　　未満の宅地の区画数は17区画で全区画数の56.7%を占めてい
　　る。

　㋑ a市開発指導要綱で定める戸建住宅の1画地の標準とする面積
　が165㎡から230㎡であること。

④ 上記③の標準的な宅地の地積に基づいて本件土地を開発した場
合、5区画の開発が想定される。

⑤ 上記③の開発事例Ａは、道路開設による開発によらざるを得ない
土地の事例であり、開発事例Ｂもまた、道路開設による開発がもと
より困難で、路地状開発によらざるを得ない土地の事例である。開
発事例Ａ及び開発事例Ｂは、本件土地とは規模、形状、接面道路及
び奥行距離の関係で、それぞれ条件を異にする。

⑥　丙地域を除く甲地域は、戸建住宅が整然と建ち並ぶ地域であり、丙地域は、宅地開発が進みつつあり、将来、丙地域を除く甲地域と同様な街並みになることが予想される。丙地域を除く甲地域における、平成9年ないし平成20年の路地状開発の事例5件を見ると、本件土地と規模、奥行距離、形状、公道との接続状況などが類似する土地での路地状開発の事例は見受けられない。仮に、本件土地について路地状開発を行うとすれば、原処分庁の主張する開発想定図（図2参照）にある開発が想定されるが、この場合、路地の長さは20ｍ程度必要となる。このような路地の長さの路地状開発の事例も、甲地域内の路地状開発事例の中に見当たらない。そうすると、原処分庁の主張する開発想定図は、甲地域においても一般的な開発想定図とはいえないため、本件土地については、道路開設による開発（図3参照）をするのが経済的に最も合理的な開発であると認められる。

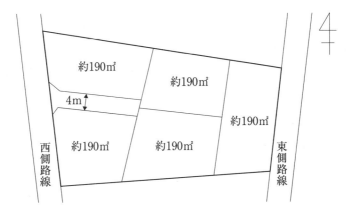

＜図3　審判所認定の開発想定図＞

コメント

本事例は、評価対象地と状況が類似する路地状開発の事例がないた

146 第2章 第7 公共公益的施設用地の負担

め、路地状開発が一般的であるとは言い切れないとし、道路開設による開発が経済的に最も合理的であるとし、公共公益的施設用地の負担が必要と認められた珍しい事例です。評価対象地について、路地状開発と道路開設による開発、どちらも考えられる場合、多くの裁決では、路地状開発の方が経済的に合理的であると判断されていますので、「その地域」に路地状開発事例が見受けられないからといって、安易に広大地として申告するのは危険でしょう。

不動産鑑定士の視点

◇土地の価格形成要因の理解と将来的な動向の調査の重要性

　過去の裁決例から本事例を考えると、開発道路を設けて4区画、路地状敷地で区画割しても4区画ならば、開発道路による潰れ地が生じない路地状開発が合理的な開発であると結論付けられると思われます。

　しかし本事例では、周辺の開発事例を詳細に調査分析し、「仮に路地状開発を行う場合には、原処分庁の主張する開発想定図となるが、この場合、路地状部分が20m程度必要となり、このような開発事例は見当たらない」と理由付けているように、土地の形状による個別的要因もよく検討し、結論を出しています。審判官は土地の価格形成要因をよく理解しており、妥当な結論であると思われます。

　本事例では、評価対象地の存する丙地域は、「将来的に」甲地域と同様な街並みになることが予想されるとして、丙地域以外の甲地域内の開発事例も調査しています。この視点は重要であり、標準的使用を判定する際にも、静態的に捉えるのではなく、常に変化する可能性を有しているものと認識することが必要であり、

第2章　第7　公共公益的施設用地の負担　　147

その現状だけではなく、将来の動向をも併せて分析し、現在の使
用が将来もなお維持されるものかどうか、変化するとすればどの
ような方向へと変化するものであるかを、慎重に判定しなければ
なりません。

　広大地の判定をするためには、まず「その地域」の範囲を決
め、標準的使用を検討し、標準的な宅地の地積を調査しますが、
将来の動向についても考慮しつつ、地域分析を行いましょう。

改正後の取扱い

　地積規模の大きな宅地の評価では、「その地域」の判定は不要です
ので、土地の所在地、路線価図の地区区分、容積率に問題がなけれ
ば、本事例の土地も減価対象となります。

[17] 公道及び第三者所有の位置指定道路に面する土地の場合、敷地内に新たに道路を開設する開発方法が合理性を有するならば、第三者所有の位置指定道路を利用する開発方法を想定することは合理的とはいえないとし、広大地評価の適用が是認された事例

(国税不服審判所平成28年2月9日裁決、裁決事例集№102　277頁)

事　案

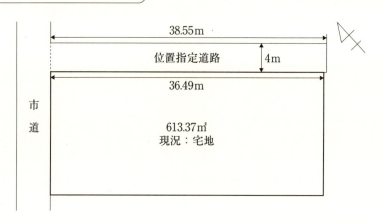

【概　要】

地　積	613.37㎡		
道路条件	北西側で市道に、北東側で位置指定道路に接面		
用途地域	第一種中高層住居専用地域		
容積率	200%	建ぺい率	60%

開発許可制度等	開発区域面積500㎡以上で開発行為となり、住宅を建築する目的での最低敷地面積は110㎡
その他	① 平成25年相続開始。 ② 位置指定道路は4名の第三者が共有（以下「私道所有者ら」という。）する道路であり、一端は市道に接続、もう一端は行き止まり。

当事者の主張

◆請求人の主張

① 図2のような位置指定道路を利用した開発行為は、私道所有者らの同意がなければできない旨が法令で規定されており、私道所有者らのうち一人でも同意を得られなければ、不可能である。

② 現に、私道所有者らが、位置指定道路の利用を拒絶する旨の回答をしており、相続開始時点において私道所有者らの同意を得られることが確実ではない以上、位置指定道路の利用はできないものとして、図1のとおり、本件土地に新たな道路を開設する開発行為が経済的に最も合理的である。

<図1　請求人主張の開発想定図>

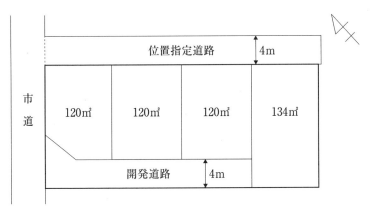

◆原処分庁の主張

① 位置指定道路を利用して開発行為を行う場合、私道所有者ら全員の同意を要し、かつ、位置指定道路の幅員を4mから6mに拡幅するか、自動車転回広場を設置する必要がある。

② 時価とは客観的な交換価値を示す価額であるから、財産の評価に当たり考慮される個別事情は客観的に認められるものに限定される。私道所有者らの同意を得られるか否かは、所有者等の意思、行為等によって変更することのできる事情であり、本件土地自体に起因する客観的な事情ではないから、財産の評価に当たって考慮されない。

③ 道路の拡幅又は自動車転回広場の設置による土地の提供は、開発区域内に新たに道路を開設する場合と異なり、財産評価基本通達15《奥行価格補正》から20-5《容積率の異なる2以上の地域にわたる宅地の評価》までに定める減額補正では十分とはいえないほどの規模の潰れ地が生じたとは認められない。

④ 本件土地は、図2のとおり位置指定道路を利用する開発行為が経済的に最も合理的であり、道路の拡幅部分のみの潰れ地である場合、公共公益的施設用地の負担が必要と認められないため、広大地には該当しない。

<図2　原処分庁主張の開発想定図>

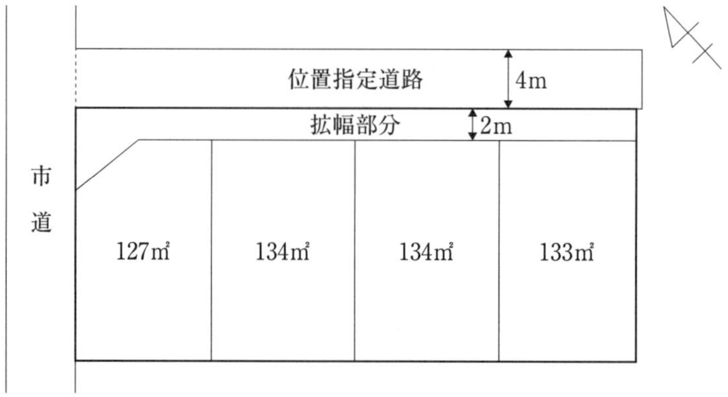

第2章 第7 公共公益的施設用地の負担 151

審判所の判断

　位置指定道路は、私道所有者らが所有するもので、被相続人及び請求人は位置指定道路に係る権利を何ら有していない。そのため、位置指定道路を利用した開発の可否は、私道所有者らの意向に左右されるものであるところ、本件土地については、敷地内に新たな道路を開設して行う開発方法（請求人主張の開発方法）が想定でき、十分合理性を有するものである以上、このような場合にまで、第三者の所有に係る土地を利用しての開発行為を想定することに合理性があるとはいえない。以上の理由から、本件土地は公共公益的施設用地の負担が必要な土地と認められるため、広大地に該当する。

コメント

　審判所は、原処分庁主張の開発方法の拡幅部分は約87㎡、請求人主張の道路用地は約117㎡であり、原処分庁主張の開発方法の方が、より広い建築面積及び延床面積の建物等が建築可能であることを認めつつ、第三者所有の土地を利用してまで開発行為を想定することは合理的ではないと結論付けています。無道路地等、接道要件が確保されていない場合は買収等を想定し開発方法を検討しますが、原則は現況主義であるため、建築基準法上の道路か否か、どのような権利関係か、現況を把握した上で合理的な開発を想定すべきでしょう。

不動産鑑定士の視点

◇第三者の同意が得られる確証がない場合の時価評価

　原処分庁は、時価とは、客観的な交換価値を示す価額であるから、財産の評価に当たり考慮される個別事情は客観的に認められ

るものに限定され、私道所有者らの同意を得られるか否かは、本件土地自体に起因する客観的な事情ではないから、財産の評価に当たって考慮されないと主張しました。

評価対象地が無道路地の場合は、鑑定評価上も隣接地の買収を想定し、経済的に最も合理的な買収が可能であることを前提に評価します。しかし、本事例のような事案での時価評価においては、私道所有者らから確実に同意を得られる確証がないにもかかわらず隣接地等の買収等を想定することは過大評価になり、逆に現況主義の規定にも反すると考えられます。本件土地は公道に単独で面しており、本件土地の単独での開発又は土地の利用が可能であるので、公道からの開発を前提に土地の時価評価をするのが妥当であるといえます。

したがって、不動産鑑定士としても、本事例は妥当な結果であると考えます。

改正後の取扱い

地積規模の大きな宅地の評価では、公共公益的施設用地の有無は関係ないため、土地の所在地、路線価図の地区区分、容積率に問題がなければ、本事例の土地も減価対象となります。

第8 市街化調整区域

[18] 市街化調整区域内の土地において、広大地評価の適用
は認められなかったが、建物の建築制限に係るしんしゃ
く割合50％が認められた事例

(国税不服審判所平成22年11月9日裁決、東裁 (諸) 平22－102〔非公開裁決〕)

事 案

＜A土地・B土地共通＞

① 市街化調整区域内に所在している雑種地である。

② 開発行為が可能である「条例指定区域」には所在していない。

③ 開発の申出ができない区域に所在している。

④ 一定の条件を満たせば開発許可を受けることなく開発することが
可能な「旧既存宅地」に該当しない。

⑤ 周囲には宅地も散見されるが、多くは農地、駐車場、資材置場な
どが混在している地域である。

⑥ 現況地目は宅地比準雑種地であり、1㎡当たりの近傍宅地価格は6
万4,570円である。

⑦ 倍率方式により評価する地域に所在し、その所在する地域の宅地
に係る倍率は1.1倍である。

【概 要】

＜A土地＞

| 間　　口 | 18.3m | 奥　　行 | 99.1m |

地　　　積	1,814㎡
道路条件	北側で幅員約6mの市道に接面

＜B土地＞

間　　　口	18.3m	奥　　　行	52.5m
地　　　積	961㎡		

当事者の主張

◆請求人の主張

① 以下の理由から、本件各土地は広大地評価の規定に定める広大地に該当する。

㋐ 広大地とは、その地域における標準的な宅地の地積に比して著しく地積が広大な宅地で、都市計画法に規定する開発を行うとした場合、公共公益的施設用地の負担が必要と認められるものとされているが、実際に開発行為が可能か否かは要件とされていない。

したがって、広大地評価の適用については、現実に開発できるかどうかで判断すべきではない。

㋑ 本件各土地を宅地として利用する場合、最有効利用は戸建住宅用地であるが、近傍宅地価格とされている地域の標準的な戸建住宅地とおおむね同地積の宅地として転用するとしたら、いずれも新設道路を設けることが必要である。この場合、土地の区画形質の変更を伴い、新設道路により潰れ地も生じることから、本件各土地は広大地に該当する。

② 上記①のとおり、広大地評価が適用された後、建物の建築ができ

第2章　第8　市街化調整区域　　155

ない場合のしんしゃく割合を50％とすべきである。しんしゃく割合
が0から50％となっているのは、建物が建築できる場合も含めた取
扱いであるから、広大地として評価される場合にもしんしゃく割合
による減額は可能である。

◆原処分庁の主張
① 広大地としての評価方法の趣旨は、戸建住宅建設用地として開発
する場合に公共公益的施設用地の負担が生じることを、客観的な個
別事情として減額の補正を行うものであり、公共公益的施設用地の
負担が生ずる戸建住宅建設用地としての開発ができるものに限り広
大地としての評価方法が適用されるものと解すべきである。

　　本件各土地は、市街化調整区域内で、また、市の条例により許可
を受けて開発行為が可能と定められた区域以外に所在する雑種地で
あり、かつ、平成12年の改正前の都市計画法43条に規定する旧既存
宅地（以下「旧既存宅地」という。）にも該当しない。そうすると、
戸建住宅建設用地としての開発を行うことができない土地であるか
ら広大地として評価することはできない。

② 本件各土地は、建物の建築が全くできない雑種地の「しんしゃく
割合50％」を適用して評価するのが相当である。

　　なお、建物の建築が全くできない場合のしんしゃく割合50％の減
額と、広大地としての評価とは、前者が、原則として建物の建築の
禁止されている区域に存する土地に適用されるものであるのに対
し、後者は、建物の建設ができる土地を前提としているものである
から、併用して適用することのできるものではない。

審判所の判断

1　認定事実
　本件については、次の事実が認められる。

① 本件各土地は、市街化調整区域内に所在している。

② 本件各土地は、平成18年4月1日施行の「都市計画法による市街化調整区域における開発許可等の基準に関する条例」（以下「本件条例」という。）4条《法第34条第11号の規定による条例で指定する土地の区域》に規定する開発行為が可能である「条例指定区域」（以下「条例指定区域」という。）には所在しない。

③ 本件各土地は平成9年3月に「地域整備推進事業」の予定区域に指定されており、本件条例3条《法第34条第11号の規定による条例で指定する土地の区域の申出》2項(1)に規定する計画的な市街地整備の見通しがある区域（以下「特定保留区域」という。）で、開発の申出ができない区域に所在する。

④ 本件各土地は、一定の条件を満たせば開発許可を受けることなく開発することが可能な「旧既存宅地」に該当しない。

2 広大地として評価することの可否

① 広大地評価の規定は、その地域における標準的な宅地の地積に比して著しく地積が広大な宅地で、開発行為を行うとした場合に公共公益的施設用地として潰れ地が生じるような土地の評価に当たっては、その潰れ地が生じることを当該宅地の価額に影響を及ぼすべき客観的事情として価値が減少していると認められる範囲で、減額の補正を行う旨定めている。

　したがって、開発行為を行うことのできない土地については、開発行為を行えないことについて何らかのしんしゃくを加えるにしても、広大地と評価して減額の補正を行う必要はない。

② 本件各土地は、市街化調整区域に所在する雑種地であり、本件条例の規定によれば、開発することができる条例指定区域に指定されておらず、さらに、特定保留区域に編入されていて開発行為ができない土地であると認められる。

第2章 第8 市街化調整区域 157

　したがって、本件各土地に開発行為を行うことを前提とした広大
地としての評価方法を適用することは認められない。

3　建物の建築制限に係るしんしゃく割合について

　雑種地の評価は、原則としてその雑種地と状況が類似する付近の土
地の評価額に比準して行う旨定められているところ、市街化調整区域
内の雑種地の評価について、宅地比準方式により評価する場合、課税
実務上、建物の建築制限に係るしんしゃく割合（減価率）を、①建物
の建築が全くできない場合には50％、②店舗等の建築が可能な幹線道
路沿いや市街化区域との境界付近の地域に所在し、家屋の構造、用途
等に制限を受ける場合には30％、③②と同様の地域に所在し、宅地価
格と同等の取引実態が認められる場合には0％とすることとして取り
扱われている。本件各土地は、市街化調整区域内に所在し、建物の建
築ができない土地であることから、しんしゃく割合を①の50％として
減額するのが相当である。

コメント

　本件各土地は、開発することができる条例指定区域に指定されてお
らず、特定保留区域に編入されていて開発行為ができない土地である
ため、50％の減価率を適用して差し支えありません。なお、しんしゃ
く割合を判断するには、評価対象地での建築計画の可否が分からなけ
れば判断できませんので、役所調査をしっかり行うことが必要です。

不動産鑑定士の視点

◇市街化調整区域内の土地と広大地評価

　市街化調整区域は市街化を抑制すべき区域であるため、市街化

調整区域内の宅地は、通常、広大地評価を行うことはできません。

　ただし、都市計画法の規定により開発行為を許可することができることとされた区域内の土地等（例えば、都市計画法34条11号の規定に基づき都道府県等が条例で定めた区域内の宅地）で、都道府県等の条例の内容により戸建分譲を目的とした開発行為を行うことができる場合には、市街化調整区域内の宅地であっても広大地評価における他の要件を満たせば広大地評価を行うことができます。

　なお、その土地がある行政区域ごとに、建物が建てられる要件が異なりますので、個別具体的に役所の窓口において調査を行い、広大地に該当するかの確認を行うことが大切です。

改正後の取扱い

　改正後は、改正前の広大地評価と同様に、市街化調整区域内においても、宅地開発が可能であれば、地積規模の大きな宅地の評価の適用が可能なものと思われます。

第2章　第9　相続開始後の財産の状況による
評価方法の適否　　　　　　　　　159

第9　相続開始後の財産の状況による評価方法の適否

[19]　相続開始後に土地の一部を売却し、当該部分が旗竿状で分譲された事例

（国税不服審判所平成16年6月28日裁決、関裁（諸）平15－77〔非公開裁決〕）

事　案

※　図は概略想定図であり、
本事例の評価対象地は不整
形地

【概　要】

間　口	24.1m	奥　行	55.7m
地　積	1,170.34㎡	地　形	不整形
道路条件	北西側、南東側で幅員約6mの公道に接面		
用途地域	第二種中高層住居専用地域		

駅 距 離	約900m	容 積 率	200%
建ぺい率	60%	地区区分	普通住宅地区

当事者の主張

◆請求人の主張

　本件土地は著しく地積が広大であり、開発行為を行うとした場合には、公共公益的施設用地として255.98㎡の道路用地を確保する必要がある。

　本件売却土地は売却後、道路を設けず旗状の宅地として開発されており、これは本件土地の一部を開発したものであるところ、原処分庁はこのことを根拠に本件土地の全部について広大地の評価は必要ないと主張するが、これは相続税法22条の趣旨に反する。

　本件土地は広大地に該当する。

◆原処分庁の主張

　本件土地について開発行為を行うとした場合、公共公益的施設用地を設けない旗状の宅地による開発が可能であるから、道路を設ける必要はない。本件売却土地の売却後の開発状況をみると、公共公益的施設用地を設けない旗状の宅地による開発がされており、本件土地のうち本件売却土地以外の部分についても同様の開発が可能である。

審判所の判断

1　認定事実

　審判所の調査によれば、以下の事実が認められる。

①　本件土地は、最寄駅の北東方約900mに位置し、北西側及び南東

側がいずれも幅員約6mの公道に接面し、この二つの公道に挟まれた間口24.1m、奥行55.7mの不整形な土地である。

② 本件土地は、相続開始日現在、駐車場として利用されていた。

③ 本件土地の所在地周辺は、主に1画地が100㎡程度の戸建住宅を中心に、マンション、倉庫、作業場等が混在する住宅地域であるが、平成9年2月以降はマンションの新築はない。

2 本件土地の評価について

① 本件土地は、開発行為を行う場合に開発許可を必要とする土地であり、各認定事実によれば、明らかに潰れ地が生じない土地には該当しないから、本件土地に広大地評価を適用することは、合理的と認められる。

　この点に関し、原処分庁は、本件土地は公共公益的施設用地の負担がない旗状の宅地による開発が可能であり、本件土地の一部である本件売却土地は、旗状の宅地による開発がされているから、広大地評価を適用することはできない旨主張する。

　しかし、公道からの奥行が長い本件土地を、原処分庁が主張するような旗状の宅地として開発する場合、公道から離れた画地については、公共公益的施設としての道路に代えて、公道に通ずるための通路が必要となる。この通路部分は、通路として用途が限定されることとなり、旗状に画地を分けることにより、本件土地内に不整形な画地を生み出すこととなるから、公共公益的施設としての道路を設ける開発と同様に、本件土地の評価額を低下させる要因となることが認められる。そのため、広大地評価を適用することは、必ずしも不合理であるとはいえない。

　また、相続税法22条によると、相続財産の価額は、相続開始の時における財産の現況に応じて評価すべきであるから、原処分庁の主張するように、相続開始後の財産の状況をもって評価方法の適否を

判断することは、相当でない。

② 請求人は、本件土地の開発行為を行うとした場合、本件土地内に
255.98㎡の道路用地を確保する必要がある旨主張し、土地利用計画
図を原処分庁に提出している。

審判所における検討の結果、請求人の主張する開発の方法は相当
と認められる。

```
┌─────────────┐
│   コメント    │
└─────────────┘
```

本件土地の一部が相続開始後に売買され、その後、当該土地は旗竿
状で開発されていますが、相続財産の価額は、相続開始時の現況によ
り判断するのが原則で、相続開始後の財産の状況をもって評価方法の
適否を判断することは、相当ではありません。

不動産鑑定士の視点

◇旗状開発の場合と開発道路を設ける場合の評価額の違い

本事例について、審判所は以下のように述べています。

「仮に、本件土地を原処分庁が主張するような旗状の宅地とし
て開発する場合、公道から離れた画地については、公共公益的施
設としての道路に代えて、公道に通ずるための通路が必要とな
る。そして、この通路部分は、通路として用途が限定されること
となり、また、旗状に画地を分けることにより、本件土地内に不
整形な画地を生み出すこととなるから、このような開発は、公共
公益的施設としての道路を設ける開発と同様に、本件土地の評価
額を低下させる要因となることが認められる」。

この文言の内容を不動産鑑定士の視点から解説します。

まず、下記図A、Bのように開発道路を入れて戸建分譲を行う

か、道路を入れずに旗状で戸建分譲を行うか、両方考えられる土地があるとします。この場合に、どちらの図が分譲総収入が多くなるかを、不動産鑑定士の立場から算定したところ、図Aの場合の総収入は100,900千円（112千円／㎡）、図Bの場合の総収入は98,400千円（109千円／㎡）となりました。

標準的な画地の時価は144千円／㎡ですので図Aの道路を設けることによる減価は144千円－112千円＝32千円で、32千円÷144千円≒22％です。また図Bの分譲画地が不整形地になることによる減価は144千円－109千円＝35千円で、35千円÷144千円≒24％です。すなわち、土地の現実の時価は図A、Bはほぼ同じ価格になるにもかかわらず、広大地評価の適否によって税務上の評価に大きな差が生じてしまうのです。

今回の審判所の判断のように、価値論からみれば道路を設けなくても、道路を設けた場合とほぼ同様の減価が生じている場合には、広大地として認めるべきだと考えます。

しかし、これは平成16年の事例であり、その後の同様の事例では広大地評価がほぼ否認されています。

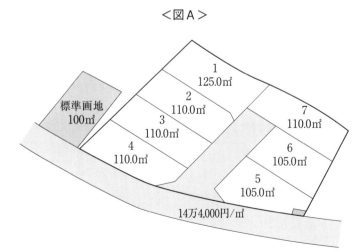

＜図A＞

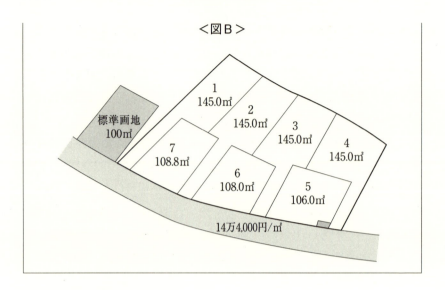

改正後の取扱い

　改正後は、開発道路の必要条件はなくなりますので、旗状開発であったとしても、地積規模の大きな宅地の評価の適用が可能なものと思われます。

第10　鑑定評価と広大地評価

[20] 奥行40m以上の敷地について、財産評価基本通達により評価すべきとして鑑定評価額が否認され、さらに路地状敷地を組み合わせる方法により戸建分譲が可能として広大地評価の適用も否認された事例

（原審：東京地方裁判所平成17年11月10日判決、税務訴訟資料255号順号10199）
（控訴審：東京高等裁判所平成18年3月28日判決、税務訴訟資料256号順号10355）

【事　案】

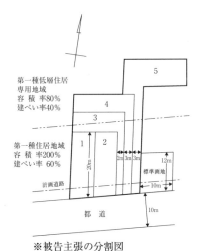

※被告主張の分割図

【概　要】

間　口	約22.5m	奥　行	約42.0m
地　積	895.86㎡	地　形	不整形

道路条件	南側で幅員約10mの都道に接面		
用途地域	第一種住居地域／第一種低層住居専用地域		
駅距離	約500m	容積率	200％／80％
建ぺい率	60％／40％	利用状況	自用地

当事者の主張

◆原告の主張

① 本件土地は不整形な画地であり、用途地域が中央部で二分され、住宅用地としては広大であることから、本件土地の評価は、財産評価基本通達（以下「本件通達」という。）の方法によらないことが正当であるが、原判決は、上記の事情については本件通達において一般的に手当てがしてあるとした。しかし、本件土地につき、これによるべきでない特別な事情がないとはいえず、特別な事情の有無は具体的な事案につき個々に判断されるべきであり、原判決は具体的な事情を無視したもので不当である。

② 原判決は、原告提出のX鑑定書による評価が、被告（原処分庁）が行った本件通達による評価より大幅に下回ることも特別な事情に当たらないとするが、本件通達は「時価」を評価するに当たり、画一的な方式を提供するものであり、その適用結果に時価との大きな乖離があってはならず、不当である。

③ 仮に、本件通達によるべきものであるとすれば、被告は広大地の補正をするべきであった。本件土地は、マンション適地ではなく、三大都市圏の市街化区域内にある500㎡以上の土地であり、公共公

第2章　第10　鑑定評価と広大地評価　　167

益的施設用地負担の有無を判断することになるが、道路開設の必要がないとする被告主張の分割図は、あまりにも非現実的である。

◆被告の主張

① 本件通達は原告主張の特別な事情に対し、全て一般的に手当てがしてあるから、本件通達によるべきである。

② X鑑定書は、同一需給圏内と認められない不適切な事例を取引事例として選択しているなど、いずれの算定価格も過小に評価されている等の不合理な点があり、この点の主張は理由がない。

③ 本件通達によらない評価方法が正当と是認される「特別の事情」があるというためには、本件通達によることが明らかに本件土地の客観的交換価値とは乖離した結果を導くことになり、そのため実質的な租税負担の公平を著しく害し、法の趣旨及び本件通達の趣旨に反することになる等の事情が必要であるが、原告の主張する事項がこれに該当しないことは明らかである。

④ 本件土地と同様の500㎡から1,000㎡の土地が路地状敷地を組み合わせる方法により戸建住宅分譲用地として販売されている事例が多数存在する。路地状部分は個人が所有する敷地であるから、道路としないことにより、その部分の面積が容積率及び建ぺい率の算定において敷地面積に含まれることになり、より広い建物を建築でき、路地状部分を駐車スペースとして利用することも可能になり、一辺が道路に接する長方形の区画や路地状敷地で道路に接する区画を設けることで、購買者の資力に応じた物件を提供できるのであり、路地状敷地を組み合わせた開発を行うことには十分な経済合理性がある。したがって、本件土地には公共公益的施設用地負担がなく、広大地補正をすべきではない。

第2章 第10 鑑定評価と広大地評価

裁判所の判断

① 本件通達は、原告が主張するような事情がある場合、これに対応して評価すべきことを定めており（本件通達20・20-5・24-4）、原告が主張する上記事情が本件通達によらないことを正当として是認すべき特別な事情に当たらないことは明らかである。

② X鑑定書が鑑定評価の方法において誤っているとまではいえないが、本件土地が戸建住宅分譲用地として開発するのが最有効使用であるのに、最有効使用を共同住宅等の敷地として取引事例比較法による比準価格や開発法、収益還元法を考慮している点で適切であるとはいい難い。

③ 広大地に関する公共公益的施設用地負担の有無については、近隣市内において道路を新設せず、路地状敷地を組み合わせる方法により戸建住宅分譲用地として販売されている事例があることなどから、被告主張の分割図が現実的ではないとはいえず、本件通達のうち広大地に関する部分を適用しなかったことは相当である。

コメント

本事例において、原告は、主たる主張として、財産評価基本通達による評価ではなく、鑑定評価額による時価を適正な評価額と主張しました。

さらに予備的主張として、広大地評価を主張し否認されている事例です。

本事例のポイントは、奥行が最大で40m以上ある敷地についての公共公益的施設用地の負担、すなわち開発道路開設の要否です。

不動産鑑定士の視点

◇原告の主張の矛盾点

原告が主として主張した鑑定評価では、本件土地の最有効使用を共同住宅等の敷地と判定し、これを前提に取引事例比較法、開発法、収益還元法を適用しているにもかかわらず、予備的主張で広大地評価（戸建住宅分譲用地を最有効使用として評価）を主張しており、評価理論上の矛盾を裁判官から指摘されています。当初から予備的主張で広大地評価を考えているならば、鑑定評価上も最有効使用が戸建住宅分譲用地であることを前提に評価すべきだったと思われます。

◇被告主張の分割図の考察

次に、被告主張の分割図について、不動産鑑定士の立場から考察します。被告の主張によると、標準画地の規模は120㎡となっています。

被告主張の分割図は各画地の規模がばらばらであり、特に画地5は大きすぎて被告の主張する標準画地（120㎡）の2倍以上あり現実的な分割とはいえません。この点について被告は、購入者の多様なニーズに合わせた方が、選択の幅があって良いから不合理な分割ではない旨主張していますが、この主張は現実の宅地分譲の市場の観点から誤りであるといえます。

一般的に宅地分譲業者は、その地域の需要に合致した総額に見合う画地（標準的）規模になるように区画割を計画します。

開発地全体の面積、形状にもよりますが、開発許可基準面積以上で分割することはあっても、その2倍以上の地積の区画割をすることはほぼありません。路地状地による開発が行われている地

域であっても、1棟敷延がほとんどであり、3棟敷延は現実的ではありません。路地状部分の幅が合わせて8mにも及ぶ点について、被告は路地状部分は駐車場の敷地としても有効に使える旨説明していますが、逆に駐車場の敷地としてしか使用できず、有効宅地部分（実際に建物が建築できる部分）は著しく減少します。むしろ開発道路（本事例では6mと考えられます。）を設けた方が有効宅地部分がより増え、各画地の間口と奥行もバランスのよい宅地となると思われます。

　納税者側の開発想定図面は公表されていませんが、上記の点を踏まえた想定される開発図は次のとおりです。

　本事例は広大地評価が適用されるべき案件と考えられます。

改正後の取扱い

　改正後は、開発道路の必要条件がなくなりますので、本事例については、地積規模の大きな宅地の評価の適用が可能なものと思われます。

「地積規模の大きな宅地の評価」の実務
－広大地評価の改正点と判例・裁決例－

平成29年11月17日　初版一刷発行
平成30年１月31日　　二刷発行

編　集　沖田不動産鑑定士税理士事務所
　　　　広大地評価サポートセンター

発行者　新日本法規出版株式会社
　　　　代表者　服　部　昭　三

発行所　新日本法規出版株式会社

本　　社　（460-8455）　名古屋市中区栄１－23－20
総轄本部　　　　　　　　　電話　代表　052(211)1525
東京本社　（162-8407）　東京都新宿区市谷砂土原町２－６
　　　　　　　　　　　　　電話　代表　03(3269)2220
支　　社　札幌・仙台・東京・関東・名古屋・大阪・広島
　　　　　高松・福岡
ホームページ　http://www.sn-hoki.co.jp/

※本書の無断転載・複製は、著作権法上の例外を除き禁じられています。
※落丁・乱丁本はお取替えします。　　　　ISBN978-4-7882-8354-1
5100005　宅地評価実務
　　　　　©沖田不動産鑑定士税理士事務所 2017 Printed in Japan